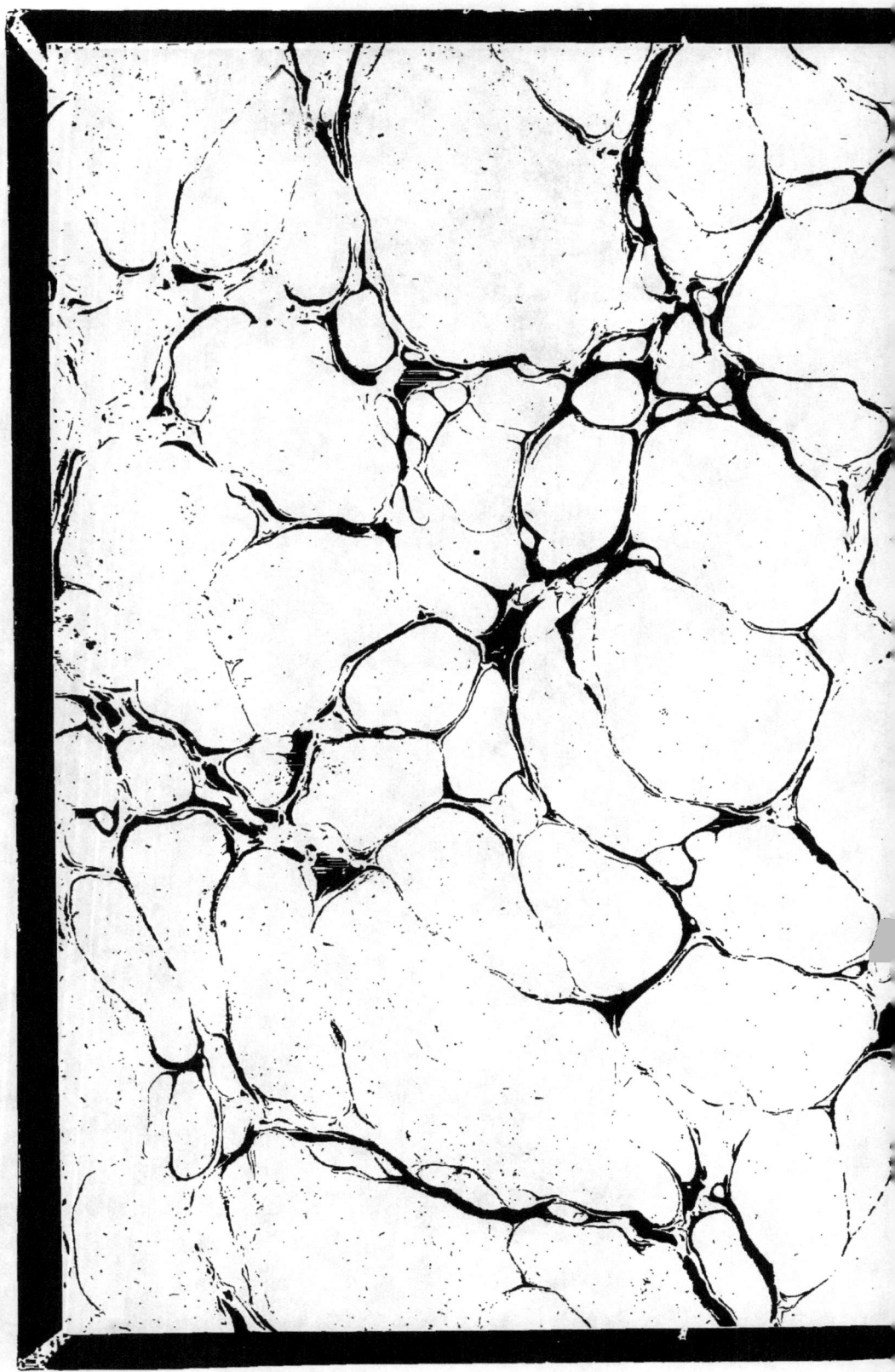

PARIS BRULÉ

PAR LA COMMUNE.

L'auteur et l'éditeur déclarent se réserver leurs droits de traduction et de reproduction à l'étranger.

Cet ouvrage a été déposé au ministère de l'intérieur (section de la librairie), le **20** juin **1871**.

PARIS. — TYPOGRAPHIE DE HENRI PLON, RUE GARANCIÈRE, 8.

D'après une photographie de Ferrier. — Frontispice.

Intérieur des Tuileries (pavillon de l'Horloge) après l'incendie.

LOUIS ÉNAULT

PARIS BRULÉ

PAR LA COMMUNE

OUVRAGE ILLUSTRÉ DE DOUZE GRAVURES

Dessinées par L. BRETON, d'après des photographies.

« *Quæque ipse miserrima vidi.* »
VIRG.

PARIS
HENRI PLON, IMPRIMEUR-ÉDITEUR
RUE GARANCIÈRE, 10
—
1871

★
★ ★

C'est à vous, malgré l'absence toujours présente par le souvenir, que j'offre le récit simple et sans art des choses que j'ai vues.

Vous étiez loin.

Mais du milieu de votre tranquille repos, votre pensée, je le sais, suivait les péripéties du drame dont nous étions les témoins, en attendant que nous fussions ses victimes.

VI

Chaque soir vous vous demandiez si le lendemain ne vous apprendrait pas la destruction de la ville que vous aimez, et la mort de ceux qui vous aiment.

Plus d'une fois, pendant ce déchaînement de tant de colères et de tant de haines, je cherchai vos regards sans les trouver, comme du fond d'un abîme, dans une nuit de tempête, on cherche les étoiles sans les voir.

Eh! pourtant, quel besoin j'aurais eu d'une main tendue et d'une lèvre souriante!

Aux jours du premier siége, on marchait à l'ennemi en se touchant du coude — presque joyeux, car c'était la guerre contre l'envahisseur, — c'était la guerre sainte!

Cette fois, l'angoisse étreignait toutes nos poitrines, — car c'était la guerre civile, la guerre sacrilége! — et le triomphe de ceux qui nous la faisaient eût été la ruine même de la patrie.

Il est des douleurs que l'on souhaiterait d'oublier. Je renouvelle les miennes en les racontant; mais vous avez voulu les connaître. Vous verrez qu'elles furent grandes.

Ne me plaignez point toutefois, car il est bon de souffrir pour le devoir, et il est doux de vous obéir.

LOUIS ÉNAULT.

Paris, 15 juin 1871.

PARIS BRULÉ.

I.

La nuit du 23 au 24 mai 1871 projettera une lueur sinistre sur l'histoire.

Cette nuit-là Paris brûlait.

Le crime des Érostrate et des Néron était dépassé d'un seul coup : la scélératesse et la folie se conjuraient pour épouvanter le monde.

Paris brûlait !

Ah ! ceux qui, comme nous, épris d'une invincible tendresse pour la grande et noble cité qui fut, pendant des siècles, la reine et la vraie capitale du monde, vivaient depuis dix longs mois au milieu de tous les périls et de toutes les angoisses, pour ne point s'éloigner d'elle avant d'avoir vu la fin de ses épreuves, ceux-là contemplèrent le spectacle le plus grandiose et le plus terrible peut-être qui se soit jamais déroulé devant l'œil de l'homme.

Paris brûlait !

Accablé, comme beaucoup d'autres, sous le poids de notre inutilité; sans armes, séparé par un ennemi à la fois habile et violent de ceux avec qui nous eussions voulu combattre, vaincre ou mourir, parce qu'ils étaient les représentants du devoir et de la loi; prisonnier dans notre maison, obéissant en ce moment à une force plus grande que notre volonté, nous éprouvâmes je ne sais quel impérieux besoin de remplir notre âme de terreurs et d'émotions.

Il nous suffisait pour cela d'ouvrir les yeux.

Quittant avec d'autres le modeste nid qui nous abrite, quand nous les eûmes vus en sûreté, — autant que, ce jour-là, on pouvait être en sûreté quelque part, — dans la casemate d'une cave, nous fîmes l'ascension de six étages pour nous arranger un observatoire entre les deux plus hautes cheminées d'un toit qui domine la cité presque tout entière; là, le souffle haletant, ne vivant plus que par les yeux, nous eûmes, — mais cette fois réalisée et vivante, — une de ces visions fantastiques comme en évoquèrent jadis dans notre esprit les premières lectures de l'Apocalypse. Cette nuit-là aussi l'ange avait ouvert le livre scellé des sept sceaux que le solitaire de Patmos appelle le livre de la colère de Dieu, et il avait déchaîné sur le monde les puissances de l'abîme, auxquelles sera donnée la puissance de tout détruire au dernier jour.

Tout autour de nous, à nos côtés, sous nos pieds, sur notre tête, avec ce sifflement rauque que le siége n'a rendu que trop familier à notre oreille, passaient les nuées d'obus, rayant l'horizon d'un sillon de feu; les roulements de l'artillerie, pareils à ceux du tonnerre dans un orage d'été, n'étaient interrompus que par le crépitement des mitrailleuses, qui semblaient déchirer l'air traversé par leurs projectiles. Un susurrement qui nous faisait songer au murmure des abeilles volant et bourdonnant par essaims autour de la ruche, nous avertissait que les chassepots donnaient aussi leurs notes dans ce formidable concert. Leurs balles, avec un bruit mat, s'aplatissaient sur les toits et contre les hautes murailles.

Parfois, la mort fatiguée suspendait ses coups, et il y avait un intervalle de silence, entrecoupé par le tocsin des églises lointaines, qui sonnaient le glas de la ville agonisante.

Cette nuit-là, pourtant, était une belle nuit de mai, et Dieu, notre père à tous, ne l'avait pas faite pour envelopper le carnage dans ses voiles à demi transparents. La lune naissante échancrait, vers l'est, son mince croissant, délicatement pâle, et jamais l'or des étoiles n'avait brillé d'un éclat plus vif dans un azur plus calme et plus profond!

Mais, tout à coup, l'azur s'assombrit, et les étoiles disparurent. D'immenses nuages de fumée, sombres d'abord et presque noirs, montèrent vers le ciel, puis redescendirent vers la terre, qu'ils semblaient couvrir d'un impénétrable dôme. Bientôt de grandes lueurs rouges éclairèrent ces nuages; la flamme remplaçait la fumée, et la ville que l'on avait si souvent appelée le flambeau du monde brûlait comme une torche ; — sans doute pour mourir comme elle avait vécu, — en éclairant !

Personne encore n'eût pu mesurer l'étendue de nos malheurs ; mais le feu se développait déjà sur une ligne sans fin. On savait qu'une infernale prévoyance avait tout fait pour interdire toute chance de secours, et l'on pouvait craindre que, gagnant de proche en proche, l'incendie ne dévorât Paris tout entier.

Allumés sur divers points, ces divers foyers, dans la distance, paraissaient peu à peu se rejoindre, pour ne plus faire qu'un seul et immense bûcher, consumant l'holocauste vivant de deux millions d'hommes, offerts en sacrifice à la plus fausse et à la plus monstrueuse des idées.

De moment en moment, le fléau destructeur prenait une intensité plus grande. Activée par un vent qui s'était élevé vers le soir, favorisée par la puissance combustible des éléments préparés à l'avance pour accroître encore sa violence, la flamme gagnait de proche en proche avec une rapidité foudroyante. Cette fois, en effet, ce n'était plus la force aveugle de la destruction s'acharnant à son œuvre ; c'était la rigueur et la précision des procédés scientifiques appliquées à l'incendie, comme les Allemands, quelques mois plus tôt, les avaient appliquées à la guerre.

De temps en temps, un fracas qui dominait les autres bruits nous avertissait qu'une maison tombait en ruines ou qu'un palais s'écroulait. Parfois, la flamme avait des apaisements subits; elle retombait en quelque sorte sur elle-même, comme si elle eût voulu s'endormir..... Puis, tout à coup, avec une rage nouvelle et une force centuplée dans ce repos d'un instant, elle s'élançait de vingt points à la fois, embrassant, enlaçant les monuments dans ses caresses souples et mortelles, se tordant, se repliant autour d'eux, et comme un être vivant, doué d'intelligence et de volonté, tant elle mettait d'acharnement à sa tâche funeste, embrassant leur masse tout entière, ou pénétrant jusque dans leurs intimes profondeurs, — pour que tout fût sa proie.

La beauté, — une beauté infernale, — ne manquait point à ces terreurs.

Se colorant de teintes diverses, selon les aliments qu'on lui jetait en pâture, le feu prenait, par intervalles, les tons fantastiques que les chimistes de l'Opéra excellent à donner à leurs apothéoses de la fin. Les tons bleus, verdâtres, violets, améthyste ou rouge ardent, faisaient du palais qui brûlait une sorte de palette embrasée, et donnaient à sa dernière heure un éclat qu'il n'avait jamais connu pendant sa durée séculaire.

Malgré moi, et quoiqu'en un tel moment il n'y eût dans les âmes de place que pour une compassion immense comme ce malheur même, il m'était difficile de me défendre d'une admiration involontaire et frémissante devant ces sublimes horreurs. Tout en maudissant les auteurs de ces crimes inexpiables, on restait, devant ce spectacle dont la grandeur sinistre ne sera jamais surpassée, dans une contemplation glacée et muette, et sachant qu'aucun peintre ne saurait faire revivre un tel tableau sur une toile capable de l'égaler, on s'efforçait d'en graver à jamais dans son âme les traits ineffaçables.

D'autres villes ont brûlé, dont l'impartiale histoire a gardé le souvenir : Troie, allumée par les mains de Pyrrhus et des Atrides pour venger l'injure de la Grèce; Rome, pour éclairer la fête d'un tyran ; Moscou, pour échapper à l'insatiable ambition d'un conquérant, et pour sauver une patrie.

Mais, comparée à Paris, Troie, malgré les vers immortels de l'Iliade, qui chantent sa magnificence et sa beauté, Troie n'était qu'une ville de province; la Rome du premier siècle de notre ère n'eût pas fait la huitième partie de Paris, et Moscou, si l'on en excepte quelques monuments, n'avait pas dans toute son étendue la valeur architecturale d'un seul quartier de Paris.

On peut donc dire que le désastre sans nom comme sans exemple qui commençait cette nuit-là, dont personne ne pouvait mesurer l'importance ni prévoir la fin, mais que ses auteurs voulaient irréparable et complet, était certes la plus horrible destruction qui eût jamais terrifié les hommes, depuis que Dieu leur a donné avec la vie la liberté et le pouvoir de faire le mal.

II.

Paris brûlait !

Mais, pourquoi Paris brûlait-il? Comment, dans un siècle qui se vante à bon droit de ses lumières, qui se décerne à lui-même un brevet de civilisation, qui a pris pour devise le grand nom de progrès, et dont, il faut bien le reconnaître, les mœurs vraiment adoucies répugnent à la violence, comment s'est-il trouvé des intelligences assez perverses pour concevoir la pensée d'un tel attentat contre l'humanité? Comment s'est-il trouvé des mains assez impies pour obéir aux fanatiques qui l'ordonnaient?

Les deux années 1870 et 1871 inscriront dans les souvenirs de la France deux dates à jamais maudites : elles ont, en quelques mois, compromis et failli perdre à tout jamais l'œuvre laborieuse que nos pères n'avaient accomplie qu'avec l'aide des siècles, avec beaucoup d'efforts, et de sueur et de sang.

Jamais ruine plus soudaine et plus complète

n'avait succédé à une plus éclatante prospérité. La veille encore on était tout, — on le croyait du moins, — le lendemain on n'était plus rien.....

D'autres raconteront et les causes, et le début, et les fatales péripéties de cette guerre sans exemple, la plus funeste et la plus malheureuse qu'ait jamais entreprise le peuple chevaleresque et généreux prodigue de son sang pour toute noble cause, et que ses ennemis eux-mêmes appelèrent si longtemps le soldat de Dieu! Nous ne sommes pas de ceux qui renversent les statues des vaincus, et nous n'avons jamais su trouver d'insultes pour le malheur. Celui qui, trompé par des conseillers aveugles, voulut cette guerre funeste, ne nous est connu ni par le bienfait ni par l'injure, et bien que nous ne lui devions que la vérité, nous nous inclinons devant son malheur. Laissant à d'autres le soin de faire à chacun la part de responsabilité qui lui incombe dans cette folle aventure, que l'intérêt dynastique bien mal entendu peut expliquer mais non justifier, nous ne dirons pas comment une armée d'une incontestable bravoure, mais si inférieure en nombre aux adversaires qu'on allait lui imposer, et conduite avec la plus scandaleuse impéritie, alla se heurter contre toute l'Allemagne en armes et debout, préparée depuis soixante ans à venger une honte dont le souvenir la brûlait, — et qui élevait ses enfants, de génération en génération, dans la haine du peuple qu'elle appelle toujours l'ennemi héréditaire. Cette lamentable histoire est écrite dans tous les souvenirs, avec des larmes et du sang.

Non certes, non jamais, depuis le jour où les Gaulois nos pères virent apparaître César à la tête des légions romaines; depuis que les premières hordes barbares, franchissant le Rhin, se jetèrent sur nos plaines fertiles comme sur une proie; depuis que les pirates normands, qui s'appelaient fièrement les rois de la mer, parurent sur leurs barques d'osier aux bouches de tous nos fleuves; depuis que nos sanglantes querelles avec l'Angleterre du moyen âge firent, pour un siècle, un champ de bataille de la moitié de la France; depuis que les malheurs et les fautes du premier empire amenèrent chez nous l'Europe haineuse et coalisée, jamais ni de plus grands ni de plus continuels malheurs n'avaient accablé une nation, qui malgré tout s'obstine à croire encore à sa destinée! Quel douloureux étonnement! quelle incrédulité voisine de la stupeur jetaient dans nos villes ces bulletins qui ne disaient pas tout... et qui, pourtant, nous apportaient chaque soir, sans trêve ni relâche, la nouvelle d'une défaite de plus! Bientôt, chez ceux qui savent prévoir les choses d'un peu loin, l'espérance s'évanouit, et il fallut craindre un fatal dénoûment.

La capitulation de Sedan fut la fin de tout. A partir de ce moment, la France éperdue sentit que la terre manquait sous ses pieds. L'effondrement d'une grande nation commençait! Quand on apprit que la plus belle et la plus puissante de nos armées avait capitulé, et que, généraux et soldats, vaincus et désarmés, prenaient la route des citadelles allemandes, un indescriptible sentiment d'indignation, de colère et de douleur s'empara de la nation tout entière. Elle frémit jusque dans ses moelles, et, par un élan superbe, se trouva debout, tout entière, pour repousser cette ruine et cette injure, — l'Invasion!

Bien que déjà toute l'Allemagne soulevée débordât sur notre territoire, il était encore possible de résister.... de vaincre peut-être! Mais il eût fallu pour cela trouver un homme, un drapeau, un principe, — en un mot, un symbole autour duquel eussent pu se réunir toutes les forces vives et honnêtes du pays... On ne trouva que des ambitieux, depuis longtemps avides du pouvoir, jaloux de le saisir à tout prix, quand même ce prix devait être la mort de la patrie!

Les hommes du 4 septembre, secondés par ces agents de l'Internationale contre lesquels ils s'élèvent aujourd'hui pour garder plus sûrement les positions conquises, foulant aux pieds et le suffrage universel et la souveraineté nationale, prononcèrent la déchéance non-seulement de la dynastie régnante, mais aussi celle de leurs collègues, issus comme eux du suffrage de la nation, et souverains au même titre. Ils proclamèrent leur république, et en imposant à la nation, qui ne les avait jamais revêtus d'un pouvoir constituant, une forme de gouvernement qui avait le double tort de répugner à ses instincts et de lui rappeler les plus horribles souvenirs de son histoire, ils désorganisèrent la résistance, et rendirent toute lutte impossible. L'usurpation n'est permise qu'au génie, et à cette seule condition qu'en asservissant un peuple, il le sauve... et l'on sait comment nous fûmes sauvés, nous, par cette tourbe d'avocats, dont le plus connu s'en allait larmoyant par les carrefours, dont l'autre, dans sa sénile impuissance, bavait sur l'hermine qu'il ne pouvait plus déchirer, tandis que le troisième achevait de perdre le pays en le terrifiant, et que le dernier de tous installait sa turbulente incapacité dans le plus beau palais de la cité. Il fallait des actes : nous eûmes des phrases ! Un général dont la médiocrité n'avait pas encore eu le temps de se faire suffisamment connaître, et auquel l'histoire demandera un compte sévère de ce qu'il a fait, et surtout de ce qu'il n'a pas fait — parce qu'il a écrit au lieu de combattre, parce qu'il a accepté, sans foi dans le succès final, un mandat qu'il ne pouvait remplir qu'avec l'enthousiasme d'une conviction ardente; parce qu'il a énervé jusqu'à l'assoupissement, par l'opium de ses proclamations, l'énergie d'une population qui se serait dévouée jusqu'à la mort — un général acheva l'œuvre des tribuns, et fatalement, à force de lenteurs et d'hésitations, nous conduisit à une capitulation plus honteuse que celle de Sedan, plus irréparable que celle de Strasbourg, plus fatale que celle de Metz!

Ah! tous ceux qui furent ou les acteurs, ou les témoins, ou les victimes de ce siége trop fameux, ceux-là se rappelleront la douloureuse émotion de Paris le jour où il apprit cette capitulation dont on ne lui faisait connaître les conditions que peu à peu... tant les malheureux qui les avaient consenties les trouvaient honteuses!

On se regardait avec une sorte d'accablement, et en se demandant les uns aux autres si c'était vrai, si l'on n'était pas le jouet de quelque illusion funeste.... On doutait d'avoir bien lu, ou bien entendu, tant ce qu'on lisait, tant ce qu'on entendait semblait affreux... Ceux qui avaient combattu regardaient leurs armes et disaient :

« Nous combattrions encore!... »

Et ceux qui avaient souffert répondaient :

« Nous ne demandons pas mieux que de souffrir!... »

Il n'était plus temps! La patience avait été inutile comme l'héroïsme. Les préliminaires de cette paix fatale étaient déjà signés, et en échange du morceau de pain que nous n'avions pas su nous ménager pendant que nous avions encore l'abondance, et que nous allions maintenant recevoir d'un ennemi, il avait fallu lui livrer nos forts. Le drapeau de la Confédération Germanique flottait sur le Mont-Valérien, et la garde du nouvel empereur d'Allemagne défilait le long de l'avenue de la Grande-Armée, pour aller camper dans l'avenue des Champs-Élysées.

Nos pères se souvinrent de 1815, et ce que nous, plus jeunes, nous n'avions pas cru possible, il nous fallut bien le voir à notre tour :

L'ennemi chez nous !

Disons-le, cependant, Paris ce jour-là ne fut point moralement vaincu : il parut même se relever sous les yeux de l'étranger, car il eut non-seulement de l'esprit, ce qui est assez dans ses habitudes, mais encore de la dignité, ce qui est peut-être moins dans son tempérament. On n'arbora point, comme quelques-uns l'auraient voulu, le drapeau noir sur ses édifices, mais la douleur n'en fut pas moins profonde dans les âmes. Malgré la curiosité toujours si vive dans une population avide de tout ce qui est spectacle, on s'éloigna de la zone habitée par les envahisseurs, comme on eût fait d'une région pestiférée. Ceux qui croyaient nous avoir pris furent prisonniers dans nos propres murailles ; les théâtres firent relâche sans qu'on le leur eût ordonné. Chacun comprenait qu'une calamité publique pesait sur le pays tout entier, et Paris porta noblement le deuil de la France. Et le matin du départ, quand, enfin, le flot barbare se retira, quand le peuple s'empara de nouveau peu à peu de ce relais de la marée fuyante, on vit le gamin de Paris poursuivre l'arrière-garde des soldats de Guillaume en brûlant des parfums sur des pelles rougies au feu, comme on fait pour purifier l'air après le passage de quelque bête immonde, traduisant ainsi par un apologue en action facilement saisissable les impressions, les répugnances et la secrète horreur de la population toute entière [1].

[1] Les gamins n'eurent pas seuls le privilége des lazzi mordants et d'une ingénieuse causticité. Un grave magistrat, M. Denormandie, qui sous le titre d'adjoint exerce véritablement les fonctions de maire, dont on ne laisse que le titre à l'ombre de Carnot, a été dans cette circonstance difficile à la hauteur de tous ses devoirs. C'est en effet dans sa circonscription que l'on avait parqué les successeurs des Vandales et des Huns; mais comme les hobereaux hypocrites de la *Gazette de la Croix* s'ennuyaient quelque peu dans les rues désertes, dont les maisons se fermaient pour les recevoir, deux ou trois margraves galonnés, qui n'eussent pas demandé mieux que de dérider en pays conquis leur gravité formaliste, vinrent se plaindre à l'honorable fonctionnaire de l'accueil un peu froid qui leur était fait.

— Mon Dieu, monsieur, ce n'est pas notre faute, leur répondit-il avec son fin sourire; pourquoi venez-vous sans être invités?

Et comme ces messieurs se plaignaient de trouver Paris beaucoup moins gai que d'habitude, et de ne savoir à quoi passer leur temps :

— Mais, reprit-il encore, on assure que vous avez d'excellente musique; pourquoi donc ne dansez-vous pas entre vous aux Champs-Élysées? Je suis certain que cela vous divertirait beaucoup. Acceptez ce conseil... c'est tout ce que je puis vous donner!

Les Prussiens nous quittèrent le lendemain, après vingt-quatre heures de séjour.

III.

Beaucoup de gens crurent que nos malheurs étaient finis : ils commençaient à peine. Nos plus terribles ennemis nous guettaient dans l'ombre, et la plupart d'entre nous soupçonnaient à peine leur existence.

Le résultat de la capitulation de Paris et de la défaite définitive de la France, qui en fut la suite immédiate, ne se borna point à la perte de deux provinces, à l'énorme indemnité de guerre que l'on sait, et à tant de vies généreuses perdues dans cette lutte fatale.

Il y eut, à côté de ce mal si grand, un autre mal non moins réel, plus funeste encore dans ses conséquences; ce fut la désorganisation sociale de la moitié de Paris.

On le sait, quand les illustres incapables que le coup d'audace du 4 septembre avait portés au pouvoir entreprirent cette tâche de la défense nationale, qui se trouva si fort au-dessus de leurs forces et de leurs talents, ils commirent la faute sans nom d'armer tous les bras, *sans distinction,* — c'est leur avocat qui le dit dans un document resté célèbre.

C'était là une impardonnable faute, car il y avait dans cette tourbe, et les hommes de septembre ne l'ignoraient point, bien des ennemis implacables de toutes les institutions et de tous les principes qui sont la base de l'ordre social, et la condition même de la vie des nations. A ceux-là, sous aucun prétexte, il ne fallait donner des armes, car, à moins d'être aveugle, on devait être bien certain qu'ils s'en serviraient pour combattre ceux qui les avaient mises dans leurs mains. Sur les trois cent mille hommes dont on aligna ainsi l'effectif sur le papier, pour les placer sous les ordres de celui qui mérita d'être appelé l'*Ollivier de la guerre*, il n'y en a pas trente mille qui aient vu l'ennemi ; il n'y en a pas dix mille qui aient franchi la ligne des grand'gardes ; il n'y en a pas trois mille qui aient brûlé seulement une cartouche ! Le peu qui ait été fait pour la défense de Paris a été fait par les débris de l'armée régulière, et par ces admirables marins, qui donnaient chaque jour des preuves de leur héroïsme et de leur dévouement. Les autres furent ou inutiles ou dangereux. Certains bataillons refusaient de marcher contre les Prussiens, sous le fallacieux prétexte qu'ils devaient se garder pour combattre les Français, qui leur semblaient des ennemis plus funestes ; ils ne voulaient pas de la guerre étrangère ; ils préféraient la guerre civile. Chacun a son goût, mais nous trouvons celui-là mauvais. On les payait, cependant, et à la solde qui récompensait de douteux services, on ajouta des indemnités pour les femmes et pour les concubines de ces défenseurs qui ne défendaient rien.

Dans cette existence oisive du rempart, on prit des habitudes de paresse, de désœuvrement et d'insouciance qui devaient avoir les conséquences les plus funestes. On ne s'occupait plus de sa vie : on se laissait vivre, on se reposait de tout sur l'État; le payement des dettes était suspendu; on était logé gratis, puisque chaque terme nouveau amenait une prorogation nouvelle de l'échéance des loyers. On menait une vie mi-partie civile et militaire; mais la vie civile était sans travail, et la vie militaire sans péril, grâce à nos solides remparts. Pour beaucoup, cette existence-là ne manquait pas d'un certain charme, et nous connaissons des gens qui n'auraient pas demandé mieux que de la continuer indéfiniment. On savait, cependant, qu'il n'en pouvait être toujours ainsi, et que la fin du siége rendrait chacun à des préoccupations et à des soucis, aggravés encore par les circonstances.

Le lendemain du jour où les Prussiens quittèrent Paris, il y avait de l'inquiétude, de la colère et du découragement dans les âmes. Il y avait aussi une grande perversion dans les idées morales : la notion pure, élevée et saine du devoir s'était obscurcie dans les esprits; les cœurs eux-mêmes s'étaient aigris. Le déchaînement de la presse et des clubs, livrés à eux-mêmes sans aucun contrôle, avait atteint les dernières limites de l'extravagance, semant partout la corruption que l'ignorance des masses rendait plus dangereuse encore. Jamais un peuple n'avait été mieux préparé pour la guerre civile. Il ne lui manquait qu'une occasion pour la faire, et l'on sait que dans ce cas-là les occasions ne manquent jamais bien longtemps.

Les canons enlevés du Champ-de-Mars au moment de l'entrée des Prussiens à Paris n'étaient que trop capables de fournir aux mécontents le motif vrai ou faux qu'ils cherchaient. Une partie de ces canons avaient été achetés des deniers de la garde nationale, et des gens qui se donnaient comme les représentants autorisés de la milice citoyenne refusèrent de rendre à l'État les armes que lui seul pourtant a le droit de posséder.

Mais, disons-le, si jamais gouvernement fut réduit à l'impuissance, ce fut bien celui-là. L'avocat auquel la France avait déjà dû tant de malheurs, dans ses dernières stipulations avec M. de Bismarck, avait stipulé, avec une imprudence qui nous condamne, pour amnistier sa probité, à faire bon marché de son sens politique, que la garde nationale conserverait ses armes, tandis que les troupes régulières, à l'exception de douze mille hommes, abandonneraient la ville, livrée ainsi aux prétoriens de la révolte!

Cette garde nationale, déjà si mauvaise dans son ensemble, devint bientôt pire encore : elle se désagrégea par une sorte de scission fatale. Ceux de ses membres qui se trouvaient avoir le plus d'intérêt à la conservation de l'ordre, fatigués des inutiles travaux du siége, avaient quitté Paris. Coupée en deux, pour ainsi parler, par le séjour trop prolongé à Bordeaux de l'Assemblée près de laquelle devait se trouver la moitié de ses membres, l'administration supérieure était sans force. On peut dire que l'Anarchie prédite et souhaitée par Proudhon inaugurait son règne dans notre malheureux pays. Les meneurs, dont la main se trouvait de longue date dans tous les complots, habiles à profiter de leurs avantages, se servant avec les uns des moyens de corruption vulgaire, et avec les autres d'artifices moraux plus coupables encore et plus dangereux, exploitant la faiblesse de ceux-ci, l'ignorance de ceux-là, travaillant tantôt dans l'ombre et tantôt au grand jour, achevèrent de séduire, d'égarer, d'embaucher, et finalement d'enrégimenter ces troupeaux de mercenaires ou d'esclaves.

La garde des armes ! c'était le mot qu'on jetait en avant pour justifier ces mouvements militaires, plus considérables dans l'intérieur de Paris depuis le siége qu'ils ne l'avaient jamais été pendant que l'ennemi entourait et pressait nos remparts; mais une initiation secrète, et qui gagnait de proche en proche, révélait aux adeptes un but autrement sérieux. Le fantôme de la *Commune*, repoussé par la population tout entière après le coup de main du 31 octobre, au plus fort du siége, et vaincu de nouveau dans sa récidive du 22 janvier suivant, reparaissait de nouveau. Mais je me trompe ! cette fois, ce n'était plus un fantôme..... c'était une réalité sanglante et terrible !

Cependant, aux yeux du plus grand nombre, le spectre n'avait pas encore jeté son masque, et pour beaucoup de naïfs et d'abusés, la *Commune*, sous le vague calculé de ses formules, n'était qu'une première étape du pays marchant vers une revanche. Parmi ceux-là que l'on devait plus tard pousser aux sanglantes barricades de mai, il y en avait beaucoup qui croyaient encore qu'on les mènerait combattre les Prussiens, et si on ne leur promettait plus de les conduire à Berlin, on leur faisait du moins espérer qu'ils iraient bientôt jusqu'à la frontière, en poussant l'ennemi devant eux, la baïonnette aux reins. Que cette illusion généreuse soit du moins l'atténuation, sinon l'excuse, de la faute de quelques-uns ! Mais ceux-là n'étaient que des naïfs, des dupes et des comparses, comme il en faut à toute révolution. Derrière eux se cachaient ceux qui les faisaient agir, ceux qui les conduisaient, et qui allaient bientôt les pousser à la mort.

N'a-t-on point déjà reconnu les représentants de

la plus terrible association qui ait jamais menacé l'existence d'une société, les membres influents de l'*Internationale?*

I.

L'Internationale a joué un trop grand rôle dans nos derniers malheurs, et, aujourd'hui encore, elle suspend sur la tête de la France, ou, pour mieux dire, de l'Europe tout entière, de trop terribles menaces, pour que nous ne devions point, à la lueur de l'incendie allumé de ses mains, et qui n'est pas éteint encore, jeter sur elle un rapide regard.

Le vrai père du Socialisme en France, ce fut Babœuf, qui, après avoir formulé les premiers principes de sa doctrine, disparut, comme on sait, dans une des tourmentes de 93. On peut dire de Babœuf qu'il a laissé un nom et un vague souvenir bien plus que des disciples et une influence. Rien n'a subsisté de ses rêves monstrueux : il ne les a point incarnés dans les faits. Mais il avait jeté un germe qui devait éclore un jour.

Ce fut en 1847 que ce germe, couvé longtemps, pointa pour la première fois à fleur du sol.

Le livre de Diebneck, qui n'était rien moins qu'une révélation, ne fit pas grand bruit chez nous, parce qu'il était écrit en allemand, et que l'idiome d'outre-Rhin ne sera jamais familier à la raç celto-romaine qui peuple aujourd'hui la France; mais il n'en faut pas moins convenir qu'il ouvrait des horizons nouveaux aux idées socialistes, et qu'il dressait déjà contre le vieux monde une machine de guerre singulièrement puissante. Qui ne sait d'ailleurs que les Allemands, avec leurs procédés de rigoureuse analyse, sont bien de tous les hommes les plus capables de pousser jusqu'à ses dernières limites les conséquences d'un principe, quel qu'il soit?

Cette même année, l'Allemagne nous envoya un certain nombre d'ouvriers, qui se firent chez nous les apôtres et les propagateurs de l'idée nouvelle. On retrouva leur influence dans la révolution de juin : leurs mains élevèrent nos plus redoutables barricades, et plus d'un fusil insurgé fut bourré avec les feuilles arrachées à l'écrit de Diebneck.

Le livre du docteur Jacobi, publié en 1850, affirma davantage encore les doctrines nouvelles, et leur donna pour ainsi parler leur formule scientifique.

Un second ouvrage de Diebneck peut être considéré comme un véritable essai d'organisation des travailleurs. Celui-ci devint populaire en France parmi ceux qu'il intéressait : on l'avait traduit, et il contribua pour une large part à la diffusion de ces idées socialistes que des hommes trop confiants avaient cru étouffer, avec la révolte violente, sous les pavés de juin, mais qui étaient, au contraire, d'autant plus dangereuses qu'elles étaient plus occultes.

Jamais peut-être les sociétés secrètes ne furent plus nombreuses que sous l'Empire. Sa police, que l'on croyait si vigilante et si bien renseignée, et qui l'était, se trouva pourtant impuissante contre elles. Et, qu'on le sache bien, ce n'étaient point les idées de Proudhon qui animaient ces foyers de destruction universelle : non, c'étaient les idées allemandes. La révolte qui portera dans l'histoire le nom de la Commune est une annexe de la guerre de Prusse.

En 1862, un jeune étudiant allemand, Karl Marx, condamné à mort comme membre d'une société secrète, arriva à Londres avec les statuts, ou pour mieux dire avec le programme de l'Internationale. Les Anglais ne comprirent pas tout d'abord la portée de cette nouveauté ; malgré leur esprit sérieux et pratique, ils s'y laissèrent prendre de la meilleure foi du monde, et plus d'un parmi leurs grands seigneurs patrona les débuts de l'Internationale sans se douter qu'il réchauffait ainsi dans son sein le serpent qui essayerait un jour de le dévorer, et sa race avec lui. Je demande pardon pour cette image, vieille comme le paradis terrestre ; mais en ce moment je ne saurais en trouver de plus juste.

Rendons cette justice à l'Empire : il fut mieux inspiré par le sentiment de sa conservation que ne l'avait été la vieille aristocratie anglo-normande.

Il accueillit la nouvelle société comme on reçoit les suspects.

La plupart des autres puissances firent comme la France. Mais Karl Marx était un de ces hommes fortement trempés, qu'un revers n'accable pas, et qui ne tombent que pour se relever aussitôt.

« Nous sommes en sûreté ici, écrivait-il de Londres à un de ses amis d'Allemagne ; les persécutions augmentent notre force. Nous recrutons en ce moment les gens énergiques ; les imbéciles et les peureux seront avec nous lorsque nous serons forts. »

En mars 1865, toutes les associations secrètes de l'Europe et de l'Amérique du Nord étaient fondues dans l'Association Internationale des Travailleurs.

La Marianne, les Frères de la République de Lyon et de Marseille, les Fénians d'Irlande, les innombrables sociétés secrètes de Russie et de Pologne, les restes des Carbonari se liaient à la nouvelle société. Cette fusion-là était faite.

Le centre de l'organisation est resté à Londres, et comme l'ancien Comité qui dirigeait ici la fédération de la garde nationale, il porte le titre de Comité central.

Le bureau se compose d'un secrétaire général et de quinze membres.

L'Internationale n'admet pas de président. Chaque pays compose une *branche* de l'association.

Chaque branche est divisée en sections.

Chaque centre important est lui-même divisé en plusieurs sections avec un bureau central.

Toutes les semaines, chaque bureau central envoie au bureau central de Londres :

1° Un rapport détaillé sur les faits politiques et commerciaux de l'endroit ;

2° Un état numérique des affiliés ;

3° Un état des ressources monétaires de la localité ;

4° Un état nominatif des principaux commerçants ;

5° Un état nominatif des principaux propriétaires et rentiers.

6° Un compte rendu des séances.

On voit que peu de polices sont aussi bien faites que celle de l'Association Internationale des Travailleurs.

A Paris, comme à Lyon et à Marseille, toutes les principales listes de proscription et d'incendie ont été envoyées toutes faites de Londres. Ce fait est peut-être plus significatif que tous les autres !

L'Internationale compte dans le monde entier deux millions cinq cent mille adhérents, qui ne se regardent pas comme vaincus pour avoir perdu la première manche d'une partie terrible : ils sont au contraire tout prêts à demander ou à prendre leur revanche. C'est au monde à voir s'il veut la leur donner, et dans quelles conditions ; mais qu'il sache bien, toutefois, que l'enjeu c'est lui-même !

Nous avons du moins aujourd'hui l'avantage de connaître ceux à qui nous avons affaire. L'ancienne société secrète lève la tête, et elle nous dit clairement et qui elle est et ce qu'elle veut. Elle a son drapeau, et elle le montre ! Elle pose en principe que la société ne donne point aujourd'hui au travailleur tout ce qu'il veut avoir, et elle ajoute aussitôt que ce que l'on n'a point, il faut le prendre !

Le procédé est du moins commode, pour quiconque a la force. Et que l'on ne croie point que nous calomnions : nous nous contentons de citer les propres paroles d'Edward Sunnee, le secrétaire de l'Internationale, et un de ses membres les plus éclairés et les plus énergiques :

« Emmailloté dès sa naissance dans les triples langes de la famille, la patrie, la religion, bercé dans le respect de la propriété quelle qu'elle soit, le prolétaire ne peut devenir quelque chose qu'à la condition d'anéantir tout cela et de rejeter bien loin de lui ces vieilles défroques de la barbarie paternelle. (Séculaire probablement.)

» L'Association Internationale n'a et ne peut avoir d'autre but que d'aider à l'extinction de tous ces monstrueux préjugés.

» Elle doit, en donnant aux travailleurs de tous les pays un lien commun, un centre d'action, une direction énergique, leur montrer ce qu'ils peuvent.

» Seule elle a assez de pouvoir pour leur apprendre à agir avec ensemble ; seule aussi elle a le pouvoir et le droit de discipliner les masses pour les lancer sur leurs oppresseurs, qui tomberont écrasés sous le choc.

» Pour cela son programme doit être :

» L'abolition de toutes les religions,
— de la propriété,
— de la famille,
— de l'hérédité,
— de la nation.

» Lorsque la Société Internationale des Travailleurs aura éteint chez tous les travailleurs le germe de ces préjugés, le capital sera mort.

» Alors la société sera fondée sur des bases indestructibles. Alors le travailleur aura réellement droit au travail; alors la femme sera libre ; l'enfant aura réellement droit de vivre sous l'égide de la société, qui ne sera plus marâtre.

» Mais que l'on ne s'abuse pas, que les rêveurs ne cherchent pas de système pour arriver à une solution que la force seule peut donner.

» La force, voilà ce qui donnera aux travailleurs le sceptre du monde ; hors de là, rien ne peut les tirer de l'ornière de la routine et de la civilisation moderne.

» Lorsque deux puissances contraires sont vis-à-vis l'une de l'autre, il faut, sous peine de se neutraliser, que l'une des deux soit anéantie.

» Aux armes ! travailleurs, le progrès et l'humanité comptent sur vous. »

Dans la sanglante révolte dont nous sortons à peine, les hommes qui professent ces doctrines ont pu mettre cinquante-deux mille étrangers au service de la Commune, qui, de son côté, leur offrit dix-sept mille repris de justice et un certain nombre de condamnés à mort...... Voilà les hommes auxquels s'étaient mêlés ceux qui, chez nous, par faiblesse et par entraînement, allèrent grossir les rangs de la plus horrible horde qui ait jamais envahi la civilisation.

V.

Il faut maintenant expliquer comment il se put faire qu'à un moment donné ces hommes, moins nombreux que nous, après tout, même à Paris, se soient trouvés tout à coup les maîtres de nos destinées...... — car ils ont été un moment nos maîtres, — nous ne pouvons pas le nier !

Nous avons déjà montré l'incroyable faiblesse du gouvernement de la Défense nationale, quand il n'eut plus rien à défendre; nous l'avons vu, incertain et impuissant, partagé entre Paris et Bordeaux, ne sachant ni prendre une résolution, ni l'exécuter quand une fois on la lui avait imposée. Il avait, pendant un grand mois, laissé à la garde nationale les canons que celle-ci gardait aux buttes Chaumont et à Montmartre. A vrai dire, elle ne savait plus trop que faire de ces fruits d'une victoire qu'elle n'avait pas remportée, et on lui aurait peut-être rendu un grand service en les lui enlevant, — l'honneur sauf! Elle les avait d'abord soignés et choyés, ces canons, comme des trophées glorieux; puis elle avait fini par s'en trouver assez embarrassée. Ils gênaient le jour; ils ennuyaient la nuit, et si les membres sérieux de l'Internationale ne se trompaient point sur le parti qu'ils en pourraient tirer à un moment donné, nous ne craignons pas de dire que la masse de la grande milice citoyenne n'eût pas demandé mieux que de les céder à qui voulait les prendre..... pourvu que l'on eût consenti à lui continuer sa solde.

Quand, le matin du 18 mars, à la première pointe du jour, les troupes du Gouvernement se présentèrent devant les deux parcs de Chaumont et de Montmartre, elles ne rencontrèrent aucune résistance sérieuse; et l'on peut dire qu'à huit heures du matin elles étaient maîtresses de la situation.... et des canons, — sans qu'il en eût coûté une goutte de sang français.

Une fatalité cruelle rendit tristement inutile ce bonheur inespéré du premier coup de main. Les canons étaient pris depuis longtemps, et ceux qui commandaient la place n'avaient pas encore envoyé les chevaux nécessaires pour les transporter en lieu sûr. Les canons étaient pris, mais ils n'étaient pas enlevés ! Autant dire alors que rien n'était fait.

Bientôt le rappel battit dans ces quartiers excentriques d'où tant de fois depuis lors la terreur descendit sur la ville ; en un clin d'œil la résistance s'organisa : l'Internationale s'était réveillée ; de toutes parts les gardes nationaux, qui allaient bientôt s'appeler des fédérés, couraient aux armes. On avait manqué le coup de main ; il s'agissait maintenant d'une bataille, et l'on sentait bientôt qu'elle serait terrible !

La bataille ne fut point donnée, parce que l'armée, qui depuis a si glorieusement réparé sa faute, méconnut ce jour-là et l'ordre de ses chefs et le plus sacré de ses devoirs. Il fallait se battre, et l'armée ne se battit point. Insensible à l'honneur, rebelle à la discipline, et traître à la patrie, le 88e régiment, dont le nom a été tant de fois maudit, mit lâchement, honteusement, la crosse en l'air.

Ce fut comme un signal.

A partir de ce moment la révolte prit dans Paris comme une traînée de poudre ; les bons tremblèrent, et les méchants se réjouirent.

Cette journée du 18 mars fut une des plus sombres de notre histoire. Paris comprit qu'il était livré, seul et sans défense, à une bande dont il ne connaissait encore ni la force ni la malice, mais dont il sentait déjà qu'il pouvait tout craindre. Les faces hideuses que la société cache d'ordinaire dans ses bas-fonds, et qui n'apparaissent qu'au moment des suprêmes convulsions, se montraient déjà sur cent points à la fois, l'ironie aux lèvres et la menace dans les yeux ; çà et là les soldats, ceux que l'on appelait assez dédaigneusement les lignards, avinés, le trouble sur le visage, partagés entre l'effronterie et la honte, ne pouvant fuir la conscience de leur crime, et pressentant déjà la vengeance à venir, erraient par les rues, sans armes, l'uniforme en désordre, comme au lendemain d'une déroute ! C'est qu'ils comprenaient déjà que certaines victoires ne valent pas une noble défaite.

La consternation était grande dans la ville, qui commençait à prévoir ses malheurs. Les boutiques se fermaient, et beaucoup de gens, qui font de la prudence la première des vertus, se demandaient déjà de quel côté ils pourraient fuir. Les autres se disaient tout bas :

— Où allons-nous ?

On sut bientôt qu'on allait aux abîmes !

Quelques gardes nationaux, fidèles à l'Assemblée, à la patrie et à l'honneur, craignant le désordre plus que le danger, et que la contagion des mauvaises doctrines n'avait point encore pervertis, se montraient sur le seuil de leurs maisons, sans armes mais en uniforme, et comme une protestation vivante. C'étaient les derniers Romains... de Paris.

L'indifférence des uns, la terreur des autres, l'inertie de tous, eurent vite fait de les décourager. La garde nationale, qui devait bientôt se relever noblement, semblait vouloir, ce jour-là, dire son dernier mot.

Dans l'après-midi, une nouvelle sinistre courut les boulevards. L'assassinat des deux généraux Lecomte et Clément Thomas fut bientôt connu. La nouvelle s'en répandit avec cette rapidité électrique qui, en de certains moments, met en communication toutes les poitrines et toutes les âmes.

On se le racontait les uns aux autres; on n'oubliait pas cet accompagnement de circonstances atroces et lâches si bien fait pour en aggraver encore l'horreur. Avec l'émeute, on ne comptait déjà plus; mais on frémissait, en songeant que l'armée venait de se charger d'un nouveau crime. Clément Thomas représentait la République dans ce qu'elle a de plus honnête, de plus droit et de plus loyal, le général Lecomte, l'ordre et l'honneur dans ce qu'ils ont de plus inflexible. Ces deux assassinats dessillèrent les yeux de ceux qui auraient voulu pouvoir douter encore : ils comprirent que cette fois le triomphe de la révolution ne serait autre chose que le triomphe du crime..... Mais ce triomphe était assuré déjà : le crime était le plus fort.

Le gouvernement l'avait senti lui-même, et,

avec une prudence qu'il serait injuste de lui reprocher, — car il n'avait plus la liberté de son choix, — il s'était replié sur Versailles... en bon ordre! comme on le disait dans les bulletins de ce temps-là.

VI.

Cependant, un nouveau pouvoir, encore inconnu à la masse honnête et paisible des citoyens, faisait son apparition sur la scène politique et militaire, qu'il allait bientôt dominer et remplir. Tout le monde avant moi a déjà nommé le *Comité central de la Fédération*.

Qu'était-ce donc que cette chose nouvelle?

Il paraît que, sans trop s'en douter, deux cent quinze bataillons de la garde nationale s'étaient fédérés. Ils le crurent parce qu'on le leur dit; mais ils ont avoué depuis qu'ils n'avaient jamais su comment cela s'était fait : c'étaient des fédérés sans le savoir! Les noms des chefs qu'ils s'étaient donnés, ou plutôt qu'on leur avait donnés, n'étaient pas moins inconnus de ceux auxquels ils allaient commander, que de la cité infortunée à laquelle ils allaient bientôt imposer le règne de la honte par la terreur. Mais ce Comité central, dont on a fait tant de bruit depuis lors, trouva pour le servir les hommes de l'Internationale, et sa toute-puissante organisation. Il n'eut, pour être obéi, que la peine de commander. Déjà, par un mouvement concentrique, qui des plus lointaines extrémités de Paris ramenait vers le cœur les combattants dévoués à la cause encore innommée, tous les postes importants de la capitale étaient non pas pris, — la violence se cantonnait encore dans les quartiers lointains, — mais observés, surveillés, cernés par des hommes dont les intentions n'étaient plus un mystère pour personne, auxquels il ne manquait plus que des armes, et qui allaient bientôt en trouver.

Le lendemain fut un de ces beaux dimanches chers à la flânerie parisienne, et que l'honnête bourgeois emploie assez volontiers à ne rien faire.

Ce jour-là on vécut un peu sur la place publique, comme on eût fait à Rome ou dans Athènes; on se répandit sur les boulevards, égayés par un soleil printanier, et qui roulaient toujours leurs flots de promeneurs insouciants. On alla même au Bois, si triste qu'il soit, hélas! depuis que les lauriers sont coupés!

Le gouvernement, voyant qu'avec des troupes aussi peu nombreuses, et, ce qui est pis, aussi peu sûres que les siennes, la lutte devenait de plus en plus impossible, se confirmait dans sa résolution extrême d'abandonner Paris à lui-même. On ne savait point encore que c'était le livrer à une destruction à peu près certaine.

VII.

Nous nous la rappellerons longtemps cette soirée du 19 mars! Nous nous sentons encore portés par cette houle humaine, inquiète, nerveuse, frémissante, devinant le péril partout et n'apercevant le salut nulle part. Çà et là les groupes se formaient; trois hommes se réunissaient : cent autres entouraient aussitôt ceux-là. On s'interrogeait anxieusement, fiévreusement, — comme on avait fait aux plus mauvais jours du siége, — et, pour la première fois, — symptôme significatif et qu'il faut noter, — les ennemis jusqu'alors cachés, timides et prudents, de la bourgeoisie, venaient hardiment chez elle, au milieu d'elle, et, au plus épais de ses groupes, étalaient leurs prétentions avec une audace jusqu'alors inconnue, et défendaient leurs doctrines subversives avec une assurance que leur ignorance seule égalait. Si parfois, — et la chose nous arriva souvent à nous-même, — on se permettait de les contredire, la discussion dégénérait bientôt en une affirmation impudente et hautaine, derrière laquelle on sentait les violences à venir, et l'appel aux armes qui allait, deux jours plus tard, ensanglanter la cité en deuil.

L'Hôtel de Ville, ce Capitole des révolutions, que, deux mois après, la plus terrible d'entre elles devait réduire en cendres, présentait un spectacle vraiment effrayant. La place de Grève, aux souvenirs sinistres, était devenue un parc d'artillerie, et, à chaque moment, les fédérés y amenaient de nouveaux canons. Jamais on n'avait vu dans la ville surprise une plus formidable artillerie.

La foule armée et avinée, descendant des quartiers excentriques, grossissait de minute en minute; on la voyait déboucher de toutes les rues, comme une marée humaine, dont les flots vivants inondaient la place et menaçaient de submerger le palais municipal. Ses grandes salles envahies abritaient la première délibération de ce qui fut plus tard la Commune. Des bataillons entiers, précédés de torches et suivis de cantinières, qui versaient généreusement aux gardes nationaux, ou soi-disant tels, l'alcool démocratique et le vin bleu des barrières, circulaient dans la rue de Rivoli et le long des quais avec une manière à eux de faire la police qui ne devait guère rassurer les honnêtes gens. Déjà les hommes aux bras nus soulevaient les pavés et tentaient des embryons de barricades, tandis que des orateurs enroués exposaient devant une foule stupide des doctrines insensées. Et, chose triste à dire! plus le paradoxe était grossier, plus l'affirmation subversive, et plus aussi était éclatant le triomphe de ces tribuns de carrefours.

Ah! France infortunée, belle et grande malgré

tes malheurs, ceux qui n'ont pas, comme nous, assis leur foi sur le roc; ceux qui ne croient pas en tes destinées immortelles, ceux-là rentrèrent de leur promenade nocturne le désespoir dans l'âme. Ils avaient vu le commencement de la fin.

VIII.

La longue et lugubre semaine qui suivit, nous n'avons point à la raconter, elle appartient à l'histoire.

On sait déjà comment Paris, bien qu'abandonné à lui-même, se réveilla le 20 mars avec des velléités de défense qui purent faire honneur à son courage, mais dont le résultat final — et unique — fut de constater à tous les yeux son impuissance absolue.

Dans ce grand désarroi où la retraite nécessaire du gouvernement avait laissé Paris, les chefs de bataillon du deuxième arrondissement, comprenant le riche quartier de la Banque, qui, plus que tout autre peut-être, a besoin de la sécurité que l'ordre seul peut donner, forma un premier noyau de résistance. Deux jours plus tard, les commandants du premier arrondissement, dont le siége est à la mairie de Saint-Germain-l'Auxerrois, suivirent leur exemple, proclamèrent noblement la souveraineté unique de l'Assemblée nationale, revendiquèrent leur indépendance vis-à-vis du Comité central de la Fédération, dont l'existence s'affirmait maintenant au grand jour, et déclarèrent qu'ils entendaient garder les bâtiments de leurs quartiers, à l'exclusion des autres bataillons, soumis au pouvoir du Comité. C'était la règle du chacun chez soi !

Les protestations contre ce pouvoir ténébreux, dont beaucoup sentaient déjà que l'on aurait tout à craindre, abondaient dans le faubourg Saint-Germain. Le lieutenant-colonel de Beaugrand improvisait un état-major au Grand-Hôtel. On affichait sur les murs la nomination de l'amiral Saisset, en qualité de commandant en chef de la garde nationale, et on lui adjoignait comme chefs d'état-major deux républicains incontestés, MM. Schœlcher et Langlois. La résistance, si elle ne s'organisait pas encore réellement, était du moins en germe partout.

Le Comité central sentit le besoin de brusquer les choses, et, comme les hommes de 48 en février, de rendre toute réconciliation impossible. On se rappelle l'indignation de Paris tout entier quand il apprit l'odieux attentat du 23 mars, et le feu commandé par le chef de bataillon Brunet, qui tenait le poste de la place Vendôme, sur une troupe paisible et sans armes, dont le seul tort était d'avoir acclamé l'ordre et l'Assemblée nationale. Chacun croyait à une bataille imminente et s'y préparait, quand, tout à coup, on apprit que les fédérés étaient maîtres du premier arrondissement, et que l'amiral Saisset, dont la présence à Paris ne s'était traduite que par une proclamation, retournait à Versailles, — d'où il n'aurait jamais dû sortir. Peu à peu l'armée de l'ordre se retira de tous les postes qu'elle possédait encore, et le drapeau tricolore, qui avait fait glorieusement le tour du monde en abritant la victoire sous ses plis, fut remplacé au faîte de nos monuments par la hideuse loque rouge, qui n'avait encore fait que le tour du Champ de Mars dans le sang et dans la boue!

IX.

Ce fut sous ses tristes auspices que Paris procéda aux élections d'où cette Commune, si ardemment souhaitée par les uns, et si profondément abhorrée par les autres, devait sortir enfin.

Il y a longtemps que l'on a posé en principe que toutes les opinions sont libres, et qu'elles sont respectables, pourvu qu'elles soient sincères. Il n'en est pas moins vrai que dans cette journée néfaste, honteuse pour une ville qui se pique d'être libre et qui a la prétention de mériter de l'être, quiconque eut le sentiment de sa dignité personnelle refusa de se rendre à l'appel que les représentants du pays avaient seuls le droit de lui adresser par l'intermédiaire du gouvernement établi, et que tous les bons citoyens s'éloignèrent avec un mépris mêlé de dégoût de ces urnes grotesques et violentes. Jamais encore aucune élection n'avait attiré moins de votants. On craignait sans doute qu'au jugement de sa conscience, un simple bulletin de vote n'entraînât avec soi une sorte de complicité morale dans l'attentat qui se commettait en ce moment contre le seul pouvoir resté debout chez nous après tant de révolutions, et qui seul aussi pouvait nous sauver, — la souveraineté nationale du suffrage universel.

Rien de plus irrégulier, d'ailleurs, qu'un pareil scrutin. Votait qui voulait! Il suffisait de se présenter pour être admis. Si le Comité avait été plus riche, nul doute qu'il n'eût payé les électeurs de bonne volonté, tant il avait peur d'en manquer. Quant à leur demander leur carte, c'était une impolitesse dont, pour rien au monde, il n'eût voulu se rendre coupable. Il suffisait du témoignage de deux amis, de deux passants, de deux inconnus, attestant au hasard votre identité. C'était un petit service que l'on pouvait au besoin se rendre les uns aux autres, le plus aisément du monde. Malgré ces encouragements on vota si peu, que ce fut comme si l'on n'avait point voté du tout, car, à vrai dire, personne n'avait obtenu un nombre de voix suffisant pour constituer une élection quelque peu sérieuse. Ceux dont les noms sortirent de ces urnes menteuses ne s'en regardèrent pas moins comme les élus légitimes de ce nouveau suffrage, peu universel. La plus infime, la plus honteuse minorité venait donc de nommer la nouvelle Commune de Paris.

X.

Le mardi 28 mars, à quatre heures de relevée, les membres du corps municipal furent proclamés avec une certaine solennité. Une vaste estrade adossée à la façade de l'Hôtel de Ville empiétait sur la place. On n'avait pas épargné les draperies rouges : c'était la couleur locale. Sous prétexte de saluer les nouveaux élus, on tira des salves d'artillerie qui firent trembler tout Paris. On put croire que l'ennemi était déjà dans la place, et qu'il se livrait, au cœur même de la ville, de formidables combats. Grâce à Dieu, il n'en était rien : la Commune préludait à cette dépense de poudre qui devait rendre son règne si bruyant. Elle préluda aussi, le soir même, par un banquet monstre, dont nos finances durent solder la carte, à ces agapes plus ou moins fraternelles, mais toujours arrosées de libations abondantes, par lesquelles elle aima toujours à se délasser de ses travaux.

Ah! si déjà Paris n'avait pas eu de trop sérieux

soucis, de quel rire homérique il eût salué le lendemain le nom de ses nouveaux maîtres ! Mais la situation ne prêtait point à une expansive gaieté. Il fallut s'en tenir à la honte !

Elle fut grande cette honte, pour qui gardait encore un sentiment d'honneur et de dignité.

Pour gouverner Paris, cette capitale de la France, cette cité jadis auguste, cette reine si déchue, hélas ! du monde, de l'intelligence, de la pensée, de l'art, de la plus haute industrie, — Paris, cet initiateur de tous les progrès, — voilà ce que l'on avait trouvé ! des repris de justice, des banqueroutiers, des faussaires, des assassins, d'anciens limiers de police ayant émargé aux caisses impériales, des fruits secs de nos écoles.... et la honte de la presse. Les meilleurs étaient encore les inconnus !

Ils ont été nos rois !

Ah ! sans doute il y eut quelque courage à rester dans cette ville, abandonnée de Dieu et des hommes, pour y subir de tels maîtres, et pour regarder sans pâlir le sceptre tenu par de telles mains ; voir les déclassés de tous les mondes, le rebut du journalisme et l'écume des prisons, devenus tout à coup les arbitres de nos destinées, c'était dur ! Mais à ces gens, qui ne doutaient de rien, et surtout de leur mérite, il semblait que c'était assez d'avoir été incapables de tout pour être capables de la plus difficile de toutes les choses, — le gouvernement des hommes !

Jusqu'ici nous avions cru que pour aspirer à ces difficiles et délicates fonctions, la première et la plus indispensable des conditions, c'était d'avoir fait preuve d'intelligence et d'avoir donné la mesure de son mérite. Ceux-là doivent être appelés à diriger les autres qui valent mieux qu'eux.

L'Internationale a changé tout cela ! Elle a tenu à honneur de proclamer par la bouche d'un de ses oracles que le premier titre à la confiance des électeurs c'était d'être inconnu d'eux, — sans doute parce qu'ainsi on leur porte moins d'ombrage —. Jamais ces haineuses et jalouses prétentions égalitaires, qui deviendraient si aisément la ruine de toute émulation entre les hommes, ne s'étaient affichées avec plus d'impudence et plus d'audace ! Jamais la démence d'un orgueil impatient de toute supériorité n'avait affiché plus insolemment ses prétentions au nivellement universel.

De tels noms portaient avec eux leur signification, et la Commune fut peut-être le seul de tous les gouvernements qui n'eut pas besoin de programme pour que les gouvernés sussent bien tout d'abord ce qu'ils devaient en attendre.

D'autres peut-être feront un jour l'histoire de cette dictature de carnaval, qui serait tombée sous le ridicule, si elle ne s'était abîmée dans le sang. Elle a su trouver l'unique moyen qui lui fut laissé de ne pas faire rire : elle a fait horreur ! Peut-être se trouvera-t-il un jour un vengeur de la France outragée qui marquera au front d'un fer rouge chacun de ces Ilotes en rupture de ban et de saturnales, qui se firent un jeu d'essayer jusqu'où pouvait aller la patience d'un peuple. La morale publique recevra ce jour-là une première satisfaction.

Deux mots suffiront à caractériser les actes de la Commune. Ils furent marqués au coin de l'impuissance et de la haine. Incapables de rien établir de durable, parce qu'en politique, comme en toute chose, rien ne dure que ce qui est fondé sur la raison et la justice, ces plagiaires d'une autre époque — qui du moins eut sa grandeur — n'ont touché aux choses que pour les détruire et les corrompre. Se donnant d'abord comme les interprètes de la population parisienne, ils débutent par réclamer pour elle les franchises municipales et cette autonomie bourgeoise qu'il n'était dans l'intention de personne de contester à la capitale de la France. Bientôt ils jettent le masque, et on les voit porter la main sur tout à la fois. Mettant en avant ce grand mot de liberté, dont se servent tous les ambitieux pour tromper les peuples, ils ont bientôt prouvé que cette liberté qu'ils inscrivaient au frontispice des monuments, et qui figurait dans la formule de tous leurs actes, n'avait jamais eu d'ennemis plus implacables qu'eux. Ils nous ont réduits à cette misère de regretter tous les tyrans, les plus cruels comme les plus vils. Grâce à eux, nous avons entendu des hommes de cœur, des Français qui ont combattu et souffert généreusement pour la France, se demander avec effroi s'il n'eût pas mieux valu être les sujets de Guillaume et les vassaux de Bismarck que les administrés de ces gens-là! Que ce doute désespéré soit pour eux comme une flétrissure éternelle.

Au nom de la liberté, ils ont poursuivi, traqué, anéanti toute liberté.

Et d'abord la plus précieuse de toutes et la plus chère pour tous ceux dont le regard va plus loin et monte plus haut que ce monde, — la liberté religieuse !

XI.

L'Internationale a proclamé l'athéisme. A quoi bon un culte et des temples, s'il n'y a point de Dieu ? On a donc vu les sicaires de la Commune s'abattre par nuées immondes dans toutes nos églises pour y accomplir des profanations inconnues avant eux. Joignant le vol au sacrilége, car c'est là un des caractères de l'Internationale d'être positive et pratique, ils enlèvent les vases sacrés et les envoient à la Monnaie. Les citoyennes parfileuses détachent des ornements des prêtres les filigranes d'or et d'argent qui les ornent. Elles savent ce qu'en vaut l'aune! Les reîtres et les soudards de la Commune banquettent ou jouent aux cartes sur les autels. On interdit la chaire sacrée au prédicateur qui veut y porter la parole de Dieu et annoncer la bonne nouvelle de l'Évangile..... Mais on y laisse monter les orateurs des clubs, qui promènent d'en haut leurs blasphèmes sur la foule épouvantée. A Saint-Eustache, qu'ils n'avaient pas encore essayé de détruire, un fédéré vomit l'insulte contre Dieu et le Christ, son Verbe éternel! A Saint-Germain-l'Auxerrois, une de ces femmes qu'on ne nomme pas se glorifie devant l'image de la Vierge de l'ignoble métier qui fait sa honte et sa vie. On ne brûle pas encore, mais déjà on mutile! On crève les toiles, on brise les marbres, on déchire les tableaux, on décapite les statues!

Est-ce assez? Non! On craint que dans l'âme de ce peuple, hélas! si facile à tromper, il ne reste encore quelques traces mal effacées du sentiment religieux qui fut jadis si vivant chez lui, on attaque par la calomnie odieuse ceux que l'on n'ose pas encore livrer au fer et au plomb des assassins! Qui n'a pas lu avec une horreur mêlée de dégoût ces affiches perfides, placardées au coin de toutes les rues et sur les murs mêmes de nos temples, affiches que leur blancheur..... officielle revêtait pour les naïfs d'un caractère plus grand d'authenticité, et qui racontaient en style de mélodrame les forfaits des religieuses et des prêtres? Qui n'a pas vu ces hideuses exhibitions de cadavres, étalés sur les marches même des autels, comme les témoins de la mortelle lubricité d'hommes dont nous connaissons tous la droiture et la pureté? Et que trouvait-on, cependant, au fond de cette lâche et détestable imposture? la plus niaise et la plus plate des calomnies, puisqu'il a été établi par les expertises de la science que les prétendues victimes de ces dernières années avaient reçu depuis plus d'un siècle la sépulture dans les églises où on allait troubler leurs cendres! Mais que faisait à la Commune un mensonge de plus? Calomniez, calomniez! il en restera toujours quelque chose!

XII.

Et la liberté de l'enseignement, qu'est-elle devenue entre leurs mains?

Demandez plutôt à ces religieuses dont la vie se passe à faire le bien, et qu'ils ont violemment chassées de leurs pieux asiles, pour les remplacer par des citoyennes, dont le premier acte était d'arracher des murailles l'image du Christ — qu'elles devaient pourtant respecter comme le plus grand des hommes, si elles ne voulaient point l'adorer comme un Dieu. — Et pour commencer plus tôt dans les jeunes âmes qu'on leur livrait le divorce de la terre et du ciel, on supprima la prière que, depuis la fondation même des écoles, élèves et maîtres récitaient ensemble au début de chaque cours. On supprima l'invocation à l'Esprit-Saint, que l'on ne reconnaissait plus comme la source de toute lumière, et l'on fit balbutier par ces lèvres innocentes l'hymne sanglant de mauvais jours! Des femmes apprenaient *la Marseillaise* aux petits enfants!

Il est une classe d'hommes simples, modestes, utiles entre tous, dont le peuple a toujours reconnu les services et récompensé les tranquilles bienfaits par une reconnaissance mêlée de vénération, — je veux parler de ces frères de la Doctrine chrétienne, qui s'appellent eux-mêmes avec une humilité touchante les *frères ignorantins,* mais qui enseignent avec une si patiente habileté au fils du pauvre et de l'ouvrier tout ce qu'il lui importe de savoir. — Ces hommes, qui avaient droit déjà aux sympathies de tous, nous montrèrent dans le premier siége qu'ils étaient également dignes d'admiration, car, plus d'une fois, dignes apôtres du devoir, ils surent mourir en héros. Rien n'arrêtait leur merveilleux élan, et quand il s'agissait d'aller chercher les blessés ou recueillir les mourants jusque sous les canons de l'ennemi, ils marchaient d'un pas égal, sereins et calmes, à travers la mitraille, et s'avançaient sous une pluie de balles et d'obus, comme ils eussent fait sous la rosée du matin.

Ah! tous ceux qui les virent à l'œuvre dans ces jours dont les douleurs n'étaient pas sans gloire, durent s'imaginer qu'ils avaient, à force de dévouement et de courage, vaincu à jamais les dernières rancunes de ceux qui les haïssent sans les connaître, et qu'à présent on leur permettrait de faire le bien à leur aise, sans les troubler dans cette œuvre de régénération morale par l'éducation religieuse, qui seule peut nous sauver, et sauver ce peuple avec nous.

Nous avions compté sans les éternels ennemis de tout ce qu'il y a de bon, de grand, de juste et d'honnête en ce monde. Nous avions compté sans cette Commune qui, dans tout le cours de sa trop longue existence, n'a jamais obéi à une pensée généreuse! Comme les bonnes sœurs, les frères de la Doctrine chrétienne durent aussi quitter leurs écoles et céder la place aux délégués des Régère, des Jourde et des Vaillant. On ne crut point que ce fût encore assez de cette violation de tous les droits! on traqua ces malheureux, on les poursuivit, on les arrêta, on arracha de leurs épaules leurs robes saintes et respectées, et on les força de sortir de chez eux nus ou couverts de la loque infâme des fédérés. Suivant en cela une de ses plus infernales inspirations, la Commune avait décidé qu'elle les ferait marcher en tête de ses bataillons, comme autant de boucliers vivants, pour essuyer le premier feu de l'armée loyale, et recevoir ainsi la mort trop bien évitée par les siens.

Disons-le, cependant! dès les premiers jours, la Commune put voir l'inanité d'une œuvre qui n'était pas née viable. Dans les quartiers que son infâme propagande n'avait pas encore eu le temps d'empoisonner, le peuple comprit tout à la fois et l'insulte que l'on faisait à ses droits et le dommage que l'on portait à ses intérêts : il n'envoya plus ses enfants dans ces écoles suspectes; les maîtres et les maîtresses de la Commune enseignèrent dans des classes vides. Les maladroits qui avaient décrété l'instruction obligatoire ne seraient parvenus à réaliser que l'ignorance universelle.

XIII.

La liberté de la pensée fut-elle plus respectée que la liberté de la prière?

Les faits sont là pour nous répondre.

S'il est un droit qui paraisse cher à ce pays, et dont il se montre jaloux jusqu'à l'ombrage, c'est le droit d'écrire et de publier ses écrits, et de mettre ainsi chacun en perpétuelle communication avec tous. Dans nos heures de calme et de raison, nous convenons bien qu'un tel droit a parfois quelque chose d'excessif, et que jamais l'abus n'a été plus près qu'ici de l'usage. Mais, en pareille matière, nous craignons plus la privation que l'excès, et nous sommes disposés à souffrir les inconvénients plutôt que de perdre la chose. Toutes les réformes, toutes les révolutions que depuis un siècle on a essayées ou accomplies dans ce malheureux pays, voué à tous les bouleversements, ont mis en tête de leur programme la liberté de la presse. Parmi les hommes de la Commune, ceux qui avaient eu l'honneur de tenir une plume (ils s'en servaient tant bien que mal!) n'avaient cessé de revendiquer ce droit qui leur semblait imprescriptible.

A peine au pouvoir, ils se sont montrés les ennemis les plus acharnés, les persécuteurs les plus impitoyables de la libre pensée. Jamais, même aux jours les plus douloureux qui suivirent le coup d'État, la presse n'avait été musclée, bâillonnée, violée, comme elle le fut par cette Commune, qui comptait pourtant des journalistes dans son sein. Tout journal qui ne s'humiliait point jusqu'à l'adoration servile fut condamné à disparaître. Ils disparurent, mais ils n'adorèrent point.

Et, disons-le bien haut, alors qu'il y avait péril à résister, la presse honnête et indépendante résista, et elle résista avec un courage voisin de l'héroïsme. Les *Débats* comprirent que l'atticisme de leur opposition parlementaire s'émousserait contre la carapace des nouveaux ennemis qu'ils avaient à combattre, et ils accentuèrent leur polémique du jour au lendemain; la plume de John Lemoine devint une plume de guerre, et valut une épée; jamais cet esprit si fin et si goûté des délicats n'avait uni plus de vigueur à plus de souplesse, ni mieux montré que ce qu'il y a de plus grand dans l'écrivain c'est l'homme : les *Débats* furent supprimés !

Le *Constitutionnel*, qui sous une direction nouvelle et intelligente, suivait la ligne de conduite la plus patriotique et la plus sage, montra une fermeté dont on ne put attendre ni concessions ni transactions : le *Constitutionnel* fut supprimé!

La mesure s'aggrava même pour lui d'une atteinte à la propriété, car on mit l'embargo sur son matériel, qu'on l'empêcha de transporter en province — sans doute au nom de la liberté de l'industrie !

Dans un journal qui avait pris comme une traînée de poudre, parce qu'il répondait au sentiment le plus vif et le plus vrai de la partie saine de Paris, deux hommes d'intelligence et de courage, deux frères, Henri et Charles Vrignault, avaient poussé un cri d'indignation qui pouvait devenir un cri de ralliement.... le *Bien public* fut supprimé.

Trois fois, comme le phénix de la fable, il essaya de renaître de ses cendres, avec un nouveau plumage; mais le ramage était le même, et trois fois on le rejeta sur son bûcher.

Nous n'avons jamais partagé les opinions de la *Cloche* : il en est même que nous aurions combattues de toute l'ardeur de nos convictions; mais la *Cloche,* dont le républicanisme n'est suspect à personne, ne voulut point pactiser avec les monstrueuses idées dont la Commune tentait chaque jour la réalisation impossible : la *Cloche* fut supprimée !

Supprimés aussi le *Gaulois* et le *Figaro,* ce double éclat de rire de la gaieté française, ces railleurs impitoyables, qui savent devenir sérieux quand il le faut, et qui n'ont jamais permis qu'on touchât à leurs affections ou à leurs croyances.

Supprimé le *Paris-Journal,* dont le rédacteur en chef, qui n'a jamais craint de payer de sa personne, avait été un des premiers atteints dans la pacifique manifestation du 23 mars, que la Commune ne craignit pas d'ensanglanter.

Mais à quoi bon poursuivre cette trop longue énumération, qui finirait par prendre des airs de martyrologe ? Tous y passèrent, même les inoffensifs et les petits, même ceux qui n'avaient jamais écrit un mot de politique, et qu'aucun pouvoir n'avait jusque-là songé à frapper, le *Petit Journal,* le *Petit Moniteur,* la *Petite Presse.* La *Revue des Deux-Mondes* elle-même, bien que les communeux ne la lisent guère, finit par être déclarée suspecte et supprimée. Ce fut le mot de la fin!

Et que l'on ne croie point que l'on poursuivît dans ces journaux seulement des adversaires! Non, la Commune, qui n'oubliait jamais les questions positives, voulait aussi abattre et ruiner des concurrents; — la Commune avait des journalistes au milieu d'elle, et ceux-ci se montrèrent les plus acharnés de tous contre ceux qu'aurait dû défendre à leur tribunal un sentiment de confraternité. — Mais c'est la mort d'Abel que voulait avant tout cette fraternité de Caïn.

Tout ce qui avait droit à la sympathie et au respect disparut. On ne laissa vivre que les plus méprisables et les plus odieux parmi ces empoisonneurs publics qui, chaque soir ou chaque matin, débitaient pour un sou les funestes élucubrations de la journée ou de la nuit. Ah! pourquoi n'est-il pas possible de faire descendre l'oubli sur de telles turpitudes? Pourquoi faut-il que la trop fidèle Histoire conserve de si tristes souvenirs? Puisse du moins le passé être l'exemple et la leçon de l'avenir! Oui, pendant plusieurs semaines, ce peuple de Paris, intelligent, accessible à toutes les idées, — même aux bonnes, — à qui on a donné le goût de la lecture, pour qui ce goût est devenu un besoin, pendant deux mois, il n'a eu pour toute pâture intellectuelle et morale que les déclamations incendiaires du *Cri du peuple*, l'ironie acerbe et dissolvante du *Mot d'ordre*, et les obscénités du *Père Duchêne*.

Le *Père Duchêne!* Arrêtons-nous! Celui-là fut peut-être le plus infâme de tous. Froidement, sciemment, méchamment, avec un cynisme réfléchi et une cruauté de parti pris, il n'a cessé d'exciter les plus basses et les plus mauvaises passions; il n'a cessé de demander le pillage et la mort! On retrouve son influence dans tous les crimes de la Commune; il était son confident; il vivait dans l'intimité de sa pensée; c'était lui qui lâchait les ballons d'essai pour savoir d'où soufflait le vent de l'opinion, et jusqu'où l'on pouvait pousser le crime. Quand la Commune rêvait un attentat trop horrible, et qu'elle craignait la révolte de ce qu'il y avait encore d'honnête dans la conscience publique, elle avait soin d'en faire pénétrer l'idée dans les masses par quelques articles insinuants et perfides du *Père Duchêne*. Que de fois cette feuille odieuse n'a-t-elle pas conseillé le sac des maisons religieuses! Avec quelle violence et quelle scélératesse n'a-t-elle pas demandé l'assassinat de Gustave Chaudey?

Eugène Vermesch, le rédacteur en chef du *Père Duchêne*, écrivain assez correct, poëte à ses heures, n'est étranger à aucune des recherches littéraires: on peut dire que rien ne lui est moins naturel que le style ordurier qu'il avait choisi pour s'adresser au peuple. Mais, dans son journal, les mots les plus violents, les plus grossiers de la langue française sont ceux qu'il préfère, et qui reviennent le plus souvent sous sa plume. Spéculateur sans conviction et sans conscience, il avait trouvé une des plus fructueuses veines de succès que puisse donner une époque révolutionnaire : le succès d'horreur. Il l'exploitait à outrance.

Nous n'exagérons rien. On n'a pas le droit d'exagérer quand on accuse ! Nous restons plutôt au-dessous de la vérité. Que l'on nous permette seulement quelques citations, et l'on en sera aisément convaincu.

Nous avons parlé de la provocation à l'assassinat : qu'on lise :

« Le *Père Duchêne* était là le 22 janvier, quand les mauvais bougres ont canardé les sans-culottes.

» Il y a le misérable Chaudey, qui a joué un sale rôle dans cette affaire-là.

» Et qui se ballade encore à Paris, aussi tranquille qu'un petit Jean-Baptiste.

» Est-ce qu'on ne va pas bientôt décréter d'accusation ce jean-foutre-là et lui faire connaître un peu le goût des bons pruneaux de six livres dont il nous a régalés dans le temps.

» Le Père Duchêne attend cette satisfaction-là. »

On sait le sort qui attendait l'infortuné rédacteur du *Siècle*, tombé sous les balles des fédérés de Raoul Rigault. Tout le monde a frémi en lisant cette horrible loi des otages : voulez-vous savoir ce que pense d'elle le *Père Duchêne*, lisez encore :

« Vous avez fait une loi sur les otages ; qu'elle soit bien ou mal faite, et le Père Duchêne soutient qu'elle est bien faite, il fallait l'appliquer, puisque vous ne l'aviez pas abolie.

» Vous ne l'avez pas fait, et, foutre ! le Père Duchêne ne vous l'envoie pas dire, vous êtes ou des imbéciles ou des jean-foutres !

» Si vous n'avez pas appliqué la loi parce que vous pensiez qu'elle était mal faite, vous ne deviez pas la faire, et alors vous n'êtes que des imbéciles.

» Ou bien vous n'avez pas appliqué la loi parce que vous avez eu peur de faire fusiller des otages, comme le voulait l'article 5 de la loi que vous avez faite, et alors vous êtes des jean-foutres. »

Voulez-vous voir l'excitation au pillage ? Hélas ! nous n'aurons ici dans nos citations que l'embarras du choix :

« Le nommé Galiffet est encore propriétaire à Paris d'un hôtel magnifique, situé dans les Champs-Élysées, et où, paraît-il, il a entassé des richesses à gueule que veux-tu ?

» Le Père Duchêne, qui prend ses renseignements sans en avoir l'air, vous donnera l'adresse quand vous voudrez. »

Voulez-vous un exemple du partage rêvé par la Commune, du partage dans ce qu'il a de plus hideux ? Écoutez ceci :

« Les gens de Paris se divisent en deux classes : ceux qui se battent et ceux qui ne se battent pas ; ceux qui défendent la cité et ceux qui s'en foutent ; ceux qui sont avec vous et ceux qui sont contre vous ; ceux qui veulent tout perdre, excepté la liberté, et ceux qui ne veulent rien perdre, excepté la liberté. . . . .

» Il faut qu'on prononce la confiscation des biens de ceux des riches qui ont quitté la cité au moment du danger, tant pendant la guerre avec la Prusse que pendant la guerre avec Versailles, et *que ces biens soient répartis entre les bons bougres qui se font crever la peau pour la cité.* »

Voulez-vous maintenant connaître les opinions religieuses du journal favori de l'Hôtel de Ville ? Il ne se cache pas pour nous les dire. Voyez plutôt comment il veut traiter les prêtres :

« Ce n'est pas du tout assez de ne plus foutre de traitement à ces bougres.

» Non, foutre ! ça n'est pas assez !

» La Nation a besoin d'argent, sacré tonnerre ! Et puisque les églises sont des monuments de l'État, qu'on leur loue leurs sacrées boutiques à messes.

» Et qu'on ne leur foute pas pour rien des magasins pour débiter leurs pains à cacheter !

» Ah ! nom de tonnerre ! comme le Père Duchêne aurait l'œil sur tout ça.

» Et comme il pense bien que les citoyens membres de la Commune ne vont pas laisser moisir cette question-là, qui est si importante pour les intérêts de la Nation.

» Qu'on leur loue les églises à ces bougres-là. »

Une citation encore, et celle-là pour montrer comment on trompait par les bulletins les plus infâmes et les plus mensongers les troupeaux que l'on envoyait à la mort. Voici comment le *Père Duchêne* raconte la première *victoire* de la Commune le jour où ses habiles généraux conduisirent ses bataillons novices sous les canons du Mont-Valérien :

« Hein ?

» Qu'est-ce que le Père Duchêne disait, il y a quelques jours ?

» Qu'est-ce qu'il disait, le bougre ?

» Est-ce qu'il n'avait pas annoncé que tous les jean-foutres seraient foutus ?

» Est-ce qu'il n'avait pas dit que les patriotes ne se laisseraient pas rouler par une bande de roussins qui se battent par désespoir de ne pouvoir massacrer sans péril, — et de pouilleux de Bretons qui se rallient toujours « au panache blanc », — ce tas de bêtes ! — parce que ça ne sait ni lire ni écrire.

» Ce qui n'a rien d'étonnant, puisqu'ils ne savent même pas être propres sur eux !

» Ah ! foutre de foutre !

» Ça n'a pas mal marché tout de même hier !
» Ah ! les mauvais bougres !
» Ils sont foutus !
» Nous irons à Versailles, patriotes !
» Oui, nous irons !
» Nous bloquerons cette ville infâme, où les Capets ont fait leurs farces immondes, — où le Badinguet ripaillait avec Piétri, — d'où les misérables ruraux, plus hideux encore que tous les Capets et tous les Badinguets, ont déclaré la guerre civile !
» Nous la bloquerons !
» Nous l'assommerons !
» Nous emploierons pour elle le système de de Moltke.
» Et nous verrons bien, foutre ! »

Et voilà les journaux que la Commune encourageait, patronait, qu'elle aimait, — c'était même les seuls à qui, sur ses fins, elle permettait de vivre..... et le Père Duchêne tirait à plus de soixante mille exemplaires..... et M. Eugène Vermesch se faisait près de quatre cent mille livres de rente avec cette littérature-là ! Buvons la honte à pleines coupes !

XIV.

Si jamais un groupe d'hommes s'emparant du pouvoir fut prodigue de promesses, de phrases et de proclamations, ce furent bien les hommes de la Commune. Ils écrivaient autant que Trochu. Jamais gouvernement nouveau n'était entré sur la scène du monde avec une pompe plus bruyante et un fracas plus tapageur. A les entendre, ces hommes allaient renouveler la face du monde..... Il est vrai qu'ils allaient le couvrir de tant de ruines, qu'il allait être difficile, pour un temps, d'y retrouver la moindre trace du passé.

Jamais plus d'ineptie ne s'était cachée sous plus de vanité. A eux tous, et en se cotisant, les quatre-vingt-douze membres de la Commune n'auraient pu fournir une idée juste, sérieuse et pratique. Il ne fut pas nécessaire de les voir longtemps à l'œuvre pour en être convaincu. Investis de la plus grande puissance, ou, pour mieux dire, de la tyrannie la plus absolue qu'il ait jamais été permis à des hommes d'exercer sur leurs semblables, puisqu'ils avaient pour appuyer leurs volontés une armée de cent cinquante mille hommes que leurs scrupules n'embarrassaient point, toujours prêts à exécuter leurs ordres, si odieux ou si absurdes qu'ils pussent être, et qu'ils ne trouvaient, du reste, devant eux aucune résistance sérieuse et organisée. Eh! cependant, ils n'ont rien établi, rien fondé. Le souvenir de leurs crimes, quand nos désastres seront réparés, voilà tout ce qui restera de leur sinistre passage aux affaires. Incapables de rien fonder, ils ont du moins essayé de tout détruire, et ce n'est point leur faute si quelque chose reste encore debout parmi nous. Esclaves de cette fameuse Internationale, dont ils exécutaient servilement les volontés, parce que c'était elle qui les avait tirés de leur néant, et qu'elle pouvait les y faire rentrer d'un mot, ils n'avaient pas oublié que celle-ci veut arriver partout à la suppression de la propriété individuelle, qu'elle remplacera par un vaste communisme, en chargeant ses principaux membres de faire les parts, et de donner à chacun ce qui lui reviendra dans la misère universelle.

La Commune préludait à ce grand pillage, qu'elle n'avait pas encore osé décréter en masse, par le vol déguisé sous le nom de réquisition, qui ne laissait point une heure de sécurité à ceux dont la fortune pouvait tenter ces rois d'un jour.

Le procédé n'avait rien de particulièrement ingénieux; il était, au contraire, des plus simples. Un délégué de l'Hôtel de Ville se présentait chez la victime du jour, avec un bon signé d'un membre de la Commune. On savait que les sicaires venaient à la suite, et on payait avec de l'or pour ne pas payer avec du sang! Le « *bon pour* » se chiffrait par millions, s'il s'adressait à de hautes puissances financières; il se faisait plus modeste s'il ne s'agissait que de pressurer un bourgeois. La Banque de France, le comptoir des Rothschild, les caisses des chemins de fer, diront un jour ce qu'il en coûtait de n'être pas inconnu à cette bande. La réquisition s'étendait aussi aux objets mobiliers, et il suffisait qu'un membre de la Commune eût besoin de votre cheval ou de votre voiture pour qu'il fallût lui céder tout de suite l'objet de sa convoitise. Silence et promptitude! voilà ce qu'on demandait à l'exproprié; quant à l'indemnité, on en remettait le règlement à des temps meilleurs..... Et dans la langue du jour les temps meilleurs ne pouvaient signifier qu'une chose, l'avénement complet et le triomphe définitif du régime communaliste.

On faisait, nous l'avons déjà vu, on faisait annoncer dans les journaux dévoués et amis, sur lesquels on pouvait compter absolument, la distribution gratuite, mais arbitraire, de tout le mobilier laissé par les absents dans leurs maisons. On faisait mieux que d'annoncer : on exécutait. Plus d'une fois, comme chez M. Blanc, l'opulent et généreux directeur des jeux de Hombourg et de Monaco, les agents de la Commune procédaient eux-mêmes à l'enlèvement en masse. Souvent aussi les fédérés daignaient en personne se donner cette peine, qui, du reste, portait avec elle sa récompense. Parfois, à la suite du bataillon qui allait prendre possession de quelque village abandonné par ses habitants, comme Neuilly ou Levallois, on voyait s'avancer d'énormes voitures qui s'arrêtaient vides devant la grille des riches villas suburbaines, et qui, vers le soir, rentraient dans Paris chargées de dépouilles opimes. Ceux qui ne profitaient point du vol le voyaient, et le peu d'idées justes et morales qui pouvait leur rester encore sombrait fatalement dans ce naufrage de toute justice. Voilà comment on corrompt un peuple jusque dans les plus intimes profondeurs de son être !

Quand on respecte si peu la fortune privée, il semble que rien ne soit plus naturel que de faire curée de la fortune publique. On n'y manqua point.

La Commune s'installa aux barrières et perçut l'octroi; elle s'empara des registres du percepteur et tripla l'impôt. En un mot, elle pratiqua l'exaction sous toutes ses formes connues... et elle en inventa de nouvelles.

XV.

Plaie d'argent n'est pas mortelle, dit-on quelquefois.

Peut-être eût-on pardonné tous ces crimes publics et privés à cette Commune, pourtant si odieuse, si elle avait respecté les personnes. Mais elle avait pour la liberté et la vie le même mépris que pour tous les autres droits qui servent de base à la société humaine.

Ce fut une bien sinistre impression celle que produisit dans Paris le décret sur les suspects et les otages, que la Commune, par ses comités, s'arrogeait le pouvoir de faire enlever, juger, exécuter. Chacun put, à ce moment, trembler pour soi et pour les siens, car c'était l'arbitraire qui devenait ainsi la règle de la liberté, et l'on n'avait que trop de raisons de le craindre, de la vie même de tous. Pas de preuves à établir, pas de considérants à justifier, pas de textes de loi à faire intervenir, pas même de prétextes à donner! La Commune avait délégué ses pouvoirs au Comité de salut public, et il suffisait d'un mot, d'un signe du premier venu de ses membres anonymes pour vous arracher à vos travaux interrompus, à votre chère maison, à vos affections intimes et sacrées, aux obligations les plus respectables de votre vie publique et privée, et pour vous jeter tout à coup dans les cachots de la Conciergerie ou dans les cellules de Mazas. L'arrestation de l'archevêque de Paris et de son second vicaire, de M. Bonjean, le doyen des présidents de la cour de cassation, de ce bon et inoffensif vieillard qui s'appelait l'abbé Deguerry, et qui n'avait que des amis parmi les pauvres, celle de tant d'autres prêtres, qui n'étaient coupables que de leurs vertus, et auxquels on ne pou-

6.

vait reprocher que des bienfaits, jeta dans les esprits un trouble profond. Chacun se vit menacé et se sentit atteint par le malheur de ceux-là. La terreur plana sur la ville entière. Elle n'avait point le front pâle d'une Euménide : elle avait pris les traits bassement cruels et l'œil faux d'un des plus misérables drôles de cette troupe hideuse. La terreur s'appelait Raoul Rigault !

Pendant plus de deux mois cette lugubre et sanglante folie tint donc asservi, je dirais volontiers écrasé sous son talon, ce Paris si hautain et si fier, si impatient de toute domination, si rebelle, parfois, à des princes cléments et doux... Il supportait ce joug, tout en le maudissant, parce qu'il n'avait pas la force de le détourner de son cou. On l'avait livré à ses plus cruels ennemis, désarmé et enchaîné : il ne lui restait plus qu'à subir ce qu'il ne pouvait empêcher. Pendant deux mois ce carnaval de sang-froid promena ses oripeaux sur nos boulevards et dans nos rues; pendant deux mois il les traîna dans la boue avant de les traîner dans le sang. Il y avait des moments où ces sinistres bouffons semblaient se prendre eux-mêmes au sérieux; ils avaient leurs séances comme un parlement au petit pied; il est vrai que parfois ces séances étaient violentes jusqu'au tumulte. Ils s'organisaient en commissions et en comités et se partageaient la besogne avec une gravité comique, comme si leur vraie besogne n'avait pas été la même à tous.... manger Paris! Ils avaient un appétit à dévorer le monde.

Rien de plus grotesque, au milieu de cette débauche de pouvoir usurpé par des mains à la fois violentes et débiles, que la parade militaire, à grande fanfare, à laquelle ils se sont livrés jusqu'à la dernière heure. Ce n'est point, certes, par pudeur qu'ils n'ont pas nommé de maréchaux de France. La pudeur, chez eux, fut toujours un sentiment inconnu. Mais, en revanche, que de généraux n'ont-ils pas faits! Que de promotions aussi soudaines qu'inattendues, et que l'empereur Soulouque se fût empressé de ratifier. Le matin encore on n'était rien, mais on pouvait espérer devenir tout avant le soir. Jamais ministre de la guerre, au plus beau temps du favoritisme monarchique, ne s'était moins soucié des règles de l'avancement. On passait colonel d'emblée, et au choix, sans avoir jamais été autre chose qu'un bon ou un mauvais fédéré. On devenait général parce qu'on était bien pensant. Il est vrai que ces généraux-là conduisaient quelquefois leurs soldats à la mort, et jamais à la victoire. Mais ce n'est pas nous qui nous en plaindrons! Il est vrai qu'au lieu du triomphe qu'ils s'étaient promis, ils n'obtenaient parfois, après leur éphémère commandement, qu'une chambre à Sainte-Pélagie. Mais ils n'en avaient pas moins été généraux quelque temps, et ils avaient goûté, tout comme d'autres, les douceurs du képi rouge, des sept galons et des étoiles. Autour de la Commune on aimait beaucoup les galons, et on ne détestait pas les étoiles.

Dans les environs de l'Hôtel de Ville et aux abords des ministères, c'était un chassé-croisé d'uniformes de fantaisie parfois étranges, et où le rouge, couleur locale s'il en fut, avait peut-être une prédominance trop marquée. Il y avait dans tout cela quelque chose de théâtral, qui faisait trop songer à l'Opéra-Comique. Mais quel hideux aspect que celui des bataillons fédérés, avec leurs uniformes de toutes pièces, leur armement hétéroclite, leur barbe inculte et sale, leurs regards tors et leur tenue plus que négligée! Comme on sentait bien que la discipline n'avait aucune prise sur ces comparses d'une révolution sans grandeur, étrangers à toutes les vertus qui font le soldat. On songeait en les voyant à des bandes et non à des troupes. N'est-ce point de bande qu'on a fait bandit? Et de quel air ils se promenaient dans ces quartiers aussi surpris qu'effrayés de leur présence inattendue! On eût dit des pandours dans une ville conquise. Ils vous mesuraient, en passant, d'un œil insolent, et semblaient choisir du regard les maisons qui promettaient un butin opulent, et où, quand le moment serait venu, ils iraient faire leur choix à loisir. Et il fallait voir tout cela, le souffrir....., et se taire! Non! jamais je ne me suis senti au cœur plus de haine pour la force brutale! plus d'horreur pour la violence triomphante.

Mais si les fantassins faisaient horreur, les cavaliers vous réconciliaient quelque peu avec cette vieille gaieté française dont partout, au milieu de tant de deuils, on était toujours sur le point d'oublier les droits. Le tragique et le comique se mêlent plus étroitement qu'on ne le croit dans la trame de l'existence humaine.

On peut, tant bien que mal, improviser un garde national, et même un fédéré, qui n'est qu'un garde national malhonnête, voué au désordre et au pillage, en un mot à la révolution démocratique et sociale, autant que l'autre *doit* être voué à l'ordre et à la propriété. Dans les deux cas, quelques aunes de drap suffisent à la transformation du vrai civil en pseudo-militaire.

Mais le cavalier a besoin d'une éducation spéciale, et il lui faut la pratique que le temps seul peut donner. Aussi les jeunes drôles que l'on mettait à califourchon sur les bucéphales de la Commune en qualité d'estafettes des ministres et autres grands personnages, ou que l'on gratifiait d'une commission d'officiers d'ordonnance des généraux, accentuaient assez vigoureusement la note comique dans ce charivari sans fin au milieu duquel nous avions la douleur de vivre. En les voyant passer, j'avais pitié..... de leur monture. Ils roulaient sur la selle, du troussequin au pommeau, tantôt renversés sur la croupe et tantôt projetés sur l'encolure, et toujours prêts à vider les arçons. Parfois ils s'accrochaient à l'étrier trop court, ou le perdaient, trop long. Souvent, quand l'allure devenait plus vive, ils se retenaient sans façon à la rude crinière de l'animal, ou, dans un écart brusque, lui étreignaient le cou de leurs deux bras, sans aucune sorte de pudeur, en gens qui ne s'inquiètent que d'une chose, — de ne pas tomber avant d'arriver au but!

Outre la solde, la Commune donnait généreusement aux fédérés les vivres des compagnies de guerre. Plus généreusement encore elle abreuvait leur inextinguible soif. Les fédérés abusaient de cette largesse. Jamais à aucune époque de notre vie nationale on n'avait bu davantage. Le vin sera nécessairement très-cher en 1871. L'ivrognerie était devenue chronique dans certains bataillons. Le matin, dans les tranchées où l'on ne s'était point battu la nuit, on pouvait se promener sur un tapis de buveurs ivres-morts. J'aime mieux pour mon compte un gazon semé de fleurs. Le spectacle de cette ivrognerie prolongée dans les rues de la ville en devenait le scandale et la honte. On eût dit vraiment que la Commune avait décrété l'ivresse. Hâtons-nous d'ajouter qu'elle n'avait jamais été mieux obéie. Elle comprenait sans doute que ceux que l'on envoie au combat sans qu'ils puissent emporter avec eux cette grande et consolante idée qu'ils mourront pour le devoir, ont besoin de noyer dans le vin leur raison et ce qui reste encore de sens moral au fond de leur âme abrutie. Voilà pourquoi la Commune grisait ses bandes; voilà pourquoi elle imposa à Paris attristé, depuis son origine jusqu'à sa fin, l'écœurant spectacle de cette renaissante orgie!

Du reste, où que ce soit qu'on allât, les prétoriens des Pyat, des Rigault et des Vermorel vous poursuivaient partout de leur insupportable présence. Avec des billets gratuits arrachés à la complaisance des directions, ils inondaient les deux ou trois théâtres qui avaient eu le courage de ne pas fermer leurs portes au public trop rare. A la Comédie-Française, ils écoutaient d'un air superbe et ennuyé les fières tirades de Corneille; les pathétiques accents de Racine les trouvaient froids; et l'on entendit un soir un brillant colonel, au sortir d'une représentation des *Femmes savantes,* dire à un non moins brillant capitaine d'état-major :

— Et voilà la littérature qu'encourageait le second Empire!

C'est le même qui, se plaignant à M. Édouard Thierry de ce que son théâtre manquait un peu de gaieté, s'attira cette jolie réponse..... qu'il ne comprit point :

— Ce n'est pas ma faute, monsieur; la Commune m'a pris mes meilleurs machinistes, et je n'ai pas eu le temps de mettre en scène ma féerie de cette année.

XVI.

Tout passe, tout lasse, tout casse! dit le proverbe, et le proverbe ne s'est jamais mieux appliqué à rien qu'à cette Commune qui lassa tant de monde, qui passa trop lentement, et qu'on eût voulu casser beaucoup plus vite.

Si son existence intérieure, civile et politique, — (mais de tels mots ne semblent-ils point bien ambitieux pour une telle chose!) — si, disons-nous, son existence intérieure ne fut qu'une suite détestable de tyrannies, de vexations de toute espèce, de déprédations de toute sorte, d'arrestations arbitraires, de soustractions frauduleuses, de pillages dans les maisons, de vols à main armée, de destructions partout où il lui fut possible de détruire; si, en un mot, dans ce Paris vaincu, sur lequel elle s'était jetée et abattue comme sur une proie, elle put asseoir un moment sa tyrannie maudite mais incontestée, vraiment souveraine, puisqu'elle disposait d'une force qui ne permettait point même d'essayer contre elle une résistance sérieuse, et que, grâce à la trop formidable enceinte de Paris, elle nous tenait isolés du reste de la France et du monde, son existence extérieure et militaire ne fut au contraire qu'une suite ininterrompue de bévues, de fautes sans nom, de déceptions et de défaites, qui, dès les premiers jours, donnèrent à tous l'heureuse certitude que son règne cruel ne serait du moins que le règne d'un moment, — quelque chose comme un mauvais rêve !

Mais comme on peut souffrir d'un cauchemar ! Sans parler des coups de fusil tirés un peu à l'aventure le 1er avril sous les murs du fort d'Issy, à partir de la première affaire un peu importante où les troupes se virent engagées, le lendemain, avec l'armée régulière à Courbevoie, jusqu'au dimanche 21 mai, où les soldats de Versailles entrèrent par la brèche dans l'enceinte des fortifications, les littérateurs de la Commune eurent à faire de grands frais d'imagination pour convertir chaque soir en bulletins triomphants les nouvelles beaucoup moins optimistes que leur transmettaient les généraux nommés par la Commission exécutive.

Ces premiers généraux, Eudes, Duval et Bergeret, — celui que les proclamations maladroites et ridicules du ministre de la guerre appelaient « *Bergeret lui-même* »— pouvaient être des individus d'un certain courage, mais n'étaient pas pour cela des hommes de guerre. On le comprit bientôt.

Le rôle actif de Cluseret commença après les premières défaites du triumvirat, et n'eut qu'une influence douteuse sur la direction militaire. Cluseret, ancien officier de l'armée française, et qui avait combattu en Amérique pour le Nord dans la guerre de sécession, avait du moins ce qu'on est convenu d'appeler du *métier*.

Une chose surtout devait le recommander particulièrement aux hommes de la Commune, — je veux dire une absence complète de sens moral. Ils pouvaient être bien certains qu'avec lui les scrupules d'une conscience timorée n'arrêteraient jamais l'exécution de leurs ordres. Ce fut Cluseret qui, par une mesure dont Paris tout entier s'indigna comme d'un attentat à la conscience humaine, inscrivit d'office dans les compagnies de marche de la garde nationale tout homme ayant plus de dix-neuf ans et moins de quarante, décrétant ainsi la suppression de toute liberté, et imposant un parti à l'homme, quand il doit, au contraire, choisir son drapeau dans la pleine indépendance de sa volonté. Mais la Commune faisait de la terreur en chambre et sur le papier avant d'en faire dans nos maisons et sur nos places publiques. Les fédérés, que le peu de succès de la sortie en masse n'avait point découragés, mais qu'il avait du moins éclairés et avertis, changèrent de tactique, se replièrent peu à peu à l'abri des forts et derrière les remparts, et commencèrent cette guerre d'artillerie qui fait plus de bruit que de besogne, qui démolit plus de maisons qu'elle ne tue d'hommes, et qui peut, à l'aide de solides murailles et quand les munitions ne manquent pas, se prolonger presque indéfiniment. Asnières, Neuilly, les Ternes et Levallois payèrent d'une destruction presque complète les frais de cette nouvelle guerre.

Un Polonais qui avait servi dans l'armée russe, et que l'émigration, si sympathiquement accueillie en France, nous fait du moins l'honneur de renier aujourd'hui, un de ces citoyens de l'univers qui semblent avoir pour mission de mettre leur épée aventurière au service de tous les désordres, et d'assurer le triomphe de la révolution universelle, Dombrowski fut appelé au commandement de la place de Paris. Cet étranger n'avait aucune raison d'épargner le sang français. On put sentir du premier coup qu'il allait imposer aux opérations militaires, assez fantaisistes jusque-là, une rigueur qu'elles n'avaient point connue encore. Sous son impulsion, à laquelle du moins on ne reprochera pas d'avoir manqué d'énergie, on organisa dans tout Paris cette chasse à l'homme qui donna sans doute à la Commune moins de soldats qu'elle ne l'avait cru, mais qui dépeupla la ville de la plupart de ses hommes jeunes, valides... et honnêtes. Ils ne voulaient point servir la Commune, et, ne sachant comment se dérober à ses exigences, ils peuplèrent la province de leur fuite. Ce fut Dombrowski le premier qui parla de cette lutte à outrance qui ne devait accepter aucune capitulation, et qui, pour mieux assurer le triomphe de la Commune, annonçait qu'il ne reculerait point devant la destruction de Paris. La perspective n'était pas du goût de tout le monde. Il est vrai que la nomination du cordonnier Gaillard père à la direction générale des barricades n'était pas faite pour rassurer les timides. La proclamation qui annonçait cette nouvelle à la ville et au monde, — *urbi et orbi*, — put nous donner comme un avant-goût de ce que nos *sauveurs* nous ménageaient pour l'avenir. Cette proclamation était aussi un programme! C'était le programme de la dernière et lugubre farce par laquelle la Commune entendait clore ses représentations. Tuyaux de gaz mis à nu, et que l'on serait en mesure d'enflammer en un clin d'œil, de manière à produire à volonté d'inextinguibles incendies; tonneaux de poudre disposés de façon à pouvoir, en une seconde, faire sauter tout un quartier; peinture au pétrole des maisons et des édifices publics dont on voudrait précipiter la destruction; communications électriques soigneusement ménagées entre les diverses lignes, de façon à ce que nous eussions dû moins le bonheur de mourir tous ensemble; telles étaient les promesses maternelles que la Commune voulait bien faire à ses enfants. Voilà comment elle entendait sauver l'humanité et régénérer le monde. Il y avait de fort honnêtes gens qui ne faisaient nulle difficulté d'avouer que le remède leur semblait par trop héroïque, et qu'ils eussent préféré y mettre des tempéraments. Mais la Commune ne les consultait point : elle était souveraine. Cette affiche, que beaucoup de journaux n'osèrent point reproduire, eut un grand effet de terreur. Si, parmi ceux qui la lurent, quelques-uns se dirent en haussant les épaules :

— Les fous n'oseront pas!

D'autres se disaient :

— Les misérables sont pourtant capables de le faire!

A partir de ce jour, on peut dire que Paris prit une physionomie nouvelle : il était triste depuis bien longtemps : il devint funèbre. Les plus folâtres d'entre nous s'abordaient dans les rues en se disant comme les trappistes — (qui, par parenthèse, ne se le disent pas) :

— Frère, il faut mourir!

XVII.

Mais ni la chasse aux réfractaires, ni les barricades de Gaillard, communiste et cordonnier, ni les ordres du jour farouches de Dombrowski, Polonais et faux-monnayeur, ni aucune des mesures ultra-révolutionnaires que prenait la Commune ne pouvaient arrêter la marche fatale des choses, ni ajouter une minute à ses jours déjà comptés.

C'est en vain que Rossel succédait à Cluseret, au ministère de la guerre, pour être remplacé lui-même par Delescluze ; c'est en vain que le Comité de salut public décrétait l'emprisonnement des généraux, parce que ceux-ci n'avaient pas obéi à la Commune décrétant la victoire ; c'est en vain que les arrêtés les plus arbitraires comme les plus atroces se succédaient les uns aux autres. Tout était inutile ! Le mensonge ne trompait plus personne, et si, dans ses dépêches annonçant des victoires, dans ses proclamations prédisant le triomphe, dans ses journaux, où le dithyrambe se mêlait à l'imposture, la Commune mentait toujours, c'était uniquement par amour de l'art et pour n'en pas perdre l'habitude. Mais certains mots échappés à l'imprudence de ses plus intimes confidents, et le découragement peint sur le visage de ses troupes, au retour des remparts, l'exagération même de ses bulletins toujours victorieux, tout permettait de prévoir le dénouement, avec une certitude qui tenait de l'évidence. La date seule de l'événement était encore un mystère. Il est vrai que pour beaucoup cette date même n'était rien moins qu'une question de vie et de mort. Chaque fois que les fédérés s'étaient rencontrés avec l'armée régulière, ils avaient dû se replier devant elle, — et pas toujours en bon ordre, s'il faut en croire des témoins dignes de foi. Grâce à des fortifications admirables ; grâce à des ouvrages avancés qui gênaient singulièrement l'attaque, on avait pu tenir longtemps en échec, malgré son courage, une armée qui voulut, jusqu'à la dernière heure, épargner la vie humaine, et, autant qu'il était en elle, éviter l'horrible effusion de sang qui suit toujours un assaut.

XVIII.

Mais, de jour en jour, ou, pour mieux dire, d'heure en heure, les fédérés reculaient sans cesse, invinciblement refoulés sur Paris. Toutes leurs positions étaient enlevées l'une après l'autre, et l'on n'essayait même plus de les reprendre, comme on avait fait à la suite des premiers engagements. Peu à peu, mais irrésistiblement, le cercle de fer et de feu se rétrécissait autour de la ville assiégée. Les pièces de campagne n'attendaient plus que l'ordre du chef suprême pour ouvrir la brèche. Dans la pensée de tous, et surtout dans l'esprit des généraux de la Commune, car aucune illusion ne leur était plus permise, la défaite était désormais certaine.

Oui, pour tous, c'est une heure d'angoisse que celle où l'on voit tomber les armes de ses mains; où l'on se dit, avec une sombre douleur, que tout a été inutile, le dévouement, le courage, l'héroïsme même, et qu'il faut succomber sous le nombre, céder à la fortune, plier la tête, et rendre une épée noble et vaillante. — Mais, quand on a vraiment fait son devoir, quand on est tombé en servant une grande et juste cause, la défaite, qui n'est jamais sans douleur, est du moins sans amertume; ce que l'on pouvait faire on l'a fait : le reste regarde les dieux!

Il n'en est plus ainsi quand la lutte impie a été un attentat contre les lois les plus sacrées, quand on sent soi-même que l'on doit être traité comme un malfaiteur, et non comme un ennemi; l'heure de la crise suprême vous apporte alors avec elle une indicible angoisse : c'est l'expiation qui commence!

La Commune le comprenait; elle le sentait; elle avait la conscience de son indignité, elle savait qu'elle avait commis trop de crimes pour être jamais pardonnée, et elle voulut mourir comme elle avait vécu, — en faisant le mal. Ses derniers actes n'étaient-ils point encore une dernière obéissance aux volontés tyranniques de cette Internationale, qui ne veut établir son règne que par la violence, et fonder son pouvoir que par la destruction, — parce qu'elle se rend à elle-même cette terrible justice, qu'elle ne peut régner que sur des ruines. Arriver à l'anéantissement de toutes les formes du capital qui constitue la fortune d'une nation, tel est le but poursuivi par l'Internationale, et que la Commune devait l'aider à réaliser dans Paris. Prendre d'abord, c'est là, certes, ce qu'il y a de mieux à faire : ce que l'on ne peut pas prendre, le détruire ! tel est le problème. Il est simple, et d'une exécution facile pour qui possède la force. En agissant ainsi, on est sans doute un scélérat, mais, du moins, on reste dans la logique de son crime.

Voilà qui nous donne la clef des derniers agissements de la Commune. Il ne serait pas possible de comprendre autrement des attentats qui, après avoir commencé par épouvanter Paris, étonnent aujourd'hui le monde.

XIX.

La première de ces destructions, que nous appellerions stupide si elle n'était plus odieuse encore, ce fut celle de la maison de M. Thiers. Cet acte, d'un vandalisme barbare, froidement conçu, froidement accompli, quand on ne pouvait même pas imaginer, comme on le fit plus tard, les suprêmes excitations de la lutte à mort, était du moins conséquent avec les principes de la Commune. Il ouvrait l'ère des ruines. A l'heure qu'il est, M. Thiers représente la plus haute somme d'intelligence, d'énergie et de patriotisme en France. Si le pays est sauvé, c'est à lui et non point à un autre que nous le devons. Lui seul a retenu sur le bord de l'abîme la patrie prête à sombrer. M. Thiers est donc le plus mortel ennemi de ceux qui ont juré la perte de la France et l'anéantissement de la civilisation : aussi sa maison était désignée d'avance à la pioche des démolisseurs — la torche des incendiaires n'était pas encore allumée. — Après avoir arraché aux Prussiens les derniers lambeaux de deux malheureuses provinces sanglantes et mutilées, après avoir essayé la reconstitution de son pays, à l'aide d'un nom qui inspire et commande la confiance, M. Thiers défendait Paris contre la Commune; faut-il maintenant s'étonner qu'on ait répondu à tant de dévouement et à tant de courage par la spoliation et la ruine? C'est le contraire qui nous eût étonné.

Cette maison, aujourd'hui détruite, il y avait bientôt quarante ans que l'illustre homme d'État l'avait bâtie, à mi-côte du quartier Saint-Georges, et presque sur la route de Montmartre, qui n'avait pas encore sa triste célébrité révolutionnaire ! Depuis que le grand historien national s'était abrité sous ce toit, la maison aimée avait reçu dans ses murs hospitaliers tout ce que le monde a connu de plus illustre dans la politique, les lettres ou les arts. Que de souvenirs disparaissent avec elle !

C'était une habitation confortable et commode, mais de simple et bourgeoise apparence ; une maison encore plus qu'un hôtel, pas le moins du monde un palais, comme en d'autres temps s'en faisaient construire les premiers ministres. Elle était cependant plus grande que la maison de Socrate, et je félicite M. Thiers s'il put souvent la remplir d'amis véritables.

A l'extérieur, ni marbres, ni peintures, ni colonnes, ni statues : un rez-de-chaussée et un étage ; pour tout luxe, une recherche coquette de propreté. De loin on apercevait sa masse blanche, bien détachée sur les groupes de verdure du fond ; derrière, un joli jardin grand pour la ville, une miniature de parc. A l'intérieur, rien qui sentît le luxe criard et tapageur du parvenu ; le bien-être dans la simplicité, et le bon goût plus que la richesse. Un immense cabinet de travail, et beaucoup de petites pièces accessoires ayant chacune sa destination spéciale et renfermant telle ou telle portion des collections de l'amateur. Ces collections, c'était là le vrai luxe, la richesse et l'ornement de la maison. C'était aussi la joie du maître ! Un catalogue long comme celui d'un musée en donnerait à peine une idée suffisante. L'ensemble des gravures, réunies dans un intérêt historique, était certes un des plus complets qu'il y eût à Paris. Il y avait là dans des cartons inestimables les plus belles œuvres de Callot, d'Abraham Bosse, de Nanteuil, de Dreuvet, d'Edlinck, de Moreau, de Saint-Aubin, de Gravelot, de Debecourt, dont le burin fidèle avait reproduit, en leur donnant l'accent et le relief de la vie, les personnages qui, pendant près de trois siècles, avaient joué les premiers rôles sur la scène politique ou mondaine de l'Europe. Des cabinets en laque de Chine, des albums japonais, des bronzes fondus à cire perdue, des vases en porcelaine, dont le décor sait joindre l'éclat à l'harmonie, des ivoires aux fines sculptures, des cristaux de roche, des socles incrustés d'or, d'argent ou de nacre, des jades, fouillés avec une patience infinie, représentaient l'art, encore peu connu chez nous, mais si digne d'être admiré partout, de l'extrême et mystérieux Orient.

Un des hommes de la Commune, et celui de tous qui était le moins incapable d'apprécier les choses d'art, estimait à quinze cent mille francs la collection des bronzes de M. Thiers. Cette collection hors ligne comprenait des bustes, des médaillons, des bas-reliefs, des vases et des statuettes du plus grand style et des plus belles époques. C'est parmi les chefs-d'œuvre dignes du plus beau musée du monde qu'il faut ranger le *Mime antique* (provenant de la vente Denon), dansant un pas de paysan lourdaud, les bras pris dans son manteau, et ce bas-relief florentin du seizième siècle, représentant une Vénus marine. La belle Aphrodite, aux formes sveltes et fines, s'accoude sur le dos d'un monstre à tête de bouc, dont elle caresse en souriant la barbe rude et emmêlée; tout près d'elle, deux amours ailés brandissent une torche et ajustent une flèche sur l'arc bandé. Un autre bronze, coulé à la cire perdue, reproduit, en exemplaire unique, un groupe dont Michel-Ange a laissé le marbre inachevé. C'est une Vierge tenant sur se genoux l'enfant nu, qui se retourne pour chercher le sein maternel.

M. Thiers avait fait aussi fondre pour lui, dans les mêmes conditions d'admiration jalouse, quelques réductions des plus beaux bronzes de la renaissance.

Le cabinet de travail était décoré de superbes aquarelles d'après les fresques et les tableaux que l'on admire dans les monuments et dans les musées de l'Italie. La maison de M. Thiers était elle-même un musée !

La bibliothèque était ce que peut être la bibliothèque d'un lettré, homme d'État et homme de goût, aimant le curieux, le beau et le meilleur en toutes choses, et assez riche pour se donner ce qu'il aimait. Les vitrines qui la contenaient garnissaient le cabinet à la hauteur d'un mètre cinquante centimètres ; elles étaient en ébène, avec ornements en cuivre ciselé. Il y avait là non pas seulement des livres : il y avait aussi ses manuscrits, des notes nombreuses et les documents réunis à grand'peine, et avec un soin extrême, pour cette histoire des Médicis, que M. Thiers préparait depuis longtemps, avec la conscience qui signale chacun de ses travaux, qu'ils aient l'histoire, l'art ou la politique pour objet.

Ah! certes, pour des hommes qui se posaient si hardiment comme les protecteurs et les défenseurs des droits du travail, si quelque chose devait être respectable et sacré, c'était bien ce témoignage et ce fruit du travail de toute une vie! Mais la Commune avait déjà prouvé qu'elle ne respectait rien. Elle donna aux agents qui lui obéissaient servilement l'ordre d'enlever, sans exception d'aucune sorte, tout ce qui se trouvait dans la maison du *sieur Thiers* L'ordre fut exécuté avec la ponctualité sévère que les gens de l'Hôtel-de-Ville avaient su faire passer dans les mœurs de ceux qui les servaient. Nous avons vu défiler sur la place Saint-Georges quatorze voitures, chargées de ces dépouilles et s'acheminant vers une destination inconnue. Des mains brutales et grossières avaient profané toutes ces délicates merveilles, que leur maître lui-même ne touchait qu'aux grands jours, et avec toutes sortes de précautions et de délicatesses! Des ignorants avaient empilé dans des caisses ces notes et ces manuscrits, dont la perte sera pour les lettres, les arts, l'histoire et la politique un irréparable dommage; les fédérés de la barbarie ont arraché de leurs rayons les livres précieux, et ravi aux murailles leur parure de tableaux : il fallait bien faire place nette aux démolisseurs!

Ces richesses, ces trésors, ces merveilles, où donc allaient-ils? Nul ne le savait : la Commune est discrète et ne dit que ce qu'elle veut dire. Mais ceux à qui étaient parvenus quelques échos de ses délibérations n'avaient pas lieu d'être trop rassurés. On savait, en effet, qu'un de ces illustres personnages avait demandé que l'on fît fondre les bronzes — sans doute pour en faire des gros sous! Un second membre avait opiné pour que tout au moins l'on jetât dans les creusets de la Monnaie les médailles représentant les princes d'Orléans. La mesure pouvait être *communeuse*, mais elle était plus sotte encore. L'art, en effet, a d'imprescriptibles droits, et quand même une statue, un bas-relief ou une médaille représenterait un monstre cent fois plus horrible que cette honnête et bourgeoise Majesté connue sous le nom de Louis-Philippe I*er*, ou Messeigneurs les princes ses fils, qui n'avaient eu d'autres torts que d'exposer assez galamment leur vie sur les champs de bataille de la France, — crime dont le suffrage universel vient de les absoudre, — du moment où l'art les avait consacrés, ils lui appartenaient, et vous autres, gens de la Commune, vous n'aviez plus le droit d'y toucher !

« Ne détruisons rien, dit un des citoyens qui siégeaient à l'Hôtel de Ville; ce qu'on détruit ne peut plus se vendre! et ce que nous avons de mieux à faire en pareille circonstance, puisqu'il y a des gens qui aiment *ces choses-là*, c'est de trouver un acquéreur..... au comptant, par exemple! »

Le citoyen qui s'exprimait ainsi ne me paraît pas avoir trop mal compris la question de temps. Il était persuadé qu'un billet à quatre-vingt-dix jours aurait bien pu ne pas être remboursé à la Commune. « Au comptant » vaut son pesant d'or!

Les démolisseurs attendaient.

Quand la maison fut vide, on la leur livra. Le pic et la pioche commencèrent leur office.

Les honnêtes gens frémissaient devant cette dévastation inutile, et plaignaient amèrement l'impuissance où ils étaient de l'empêcher.

Pendant toute cette première journée, qui me semblait une véritable honte pour ce Paris que j'aime malgré moi — et malgré lui, car en vérité il fait bien tout ce qu'il faut pour qu'on le déteste, — je ne pus guère quitter la place Saint-Georges. Une sorte d'attraction fatale, et plus forte que ma volonté, m'y ramenait sans cesse. Je me faisais à moi-même l'effet d'un homme devant lequel on commet un crime, qui déteste et le crime et le criminel, et qui ne peut s'empêcher de regarder, et qui grave tous ces détails horribles dans sa mémoire indignée! J'étais retenu aussi par un autre motif.

Je voulais voir ceux qui voyaient! Je tenais à me rendre exactement compte des sentiments qu'un tel spectacle pourrait faire naître dans l'âme des spectateurs; je voulais mesurer le degré d'immoralité où l'on avait abaissé, par tant de doctrines insensées, par tant de déclamations haineuses, par tant d'exemples funestes, l'âme naturellement honnête du peuple. Hélas! que n'ai-je point vu, et que n'ai-je point entendu ce jour-là! Pour une bonne nature indignée, combien d'approbations qui ne craignaient point de se manifester à haute voix!

« On ne doit point avoir de maison aussi belle que cela! disait un orateur de club.

— Eh! pourquoi donc, lui demandai-je, du moment où l'on peut la payer?

— C'est, me répondit-il, que le plus habile ouvrier ne pourrait jamais faire assez d'économies sur son travail pour en acheter une pareille!

— Il y a, lui répliquai-je, ouvriers et ouvriers, et comme tous les travaux ne sont pas les mêmes, vous conviendrez bien que les salaires peuvent bien aussi différer quelque peu?

— Je connais, me répondit-il, un monteur de glaces, qui est certainement très-habile dans sa partie; eh! bien, il n'a jamais gagné plus de quinze francs par jour..... Vous voyez donc que, même en faisant des économies, il n'aurait jamais pu s'offrir une maison comme celle qu'on fait si bien de démolir.

— Eh! morbleu, je ne le pourrais pas non plus!

repris-je avec quelque impatience; mais je ne trouve point mauvais pour cela que M. Thiers, qui est plus habile que moi, *puisse se l'offrir,* comme vous dites. Votre monteur en glaces n'a pas fait l'*Histoire de la Révolution!*

Une femme bien mise, qui avait écouté cet échange de mots, s'approcha de nous et dit assez haut :

« Je trouve que le peuple raisonne bien ! »

La démolition continuait ; les pierres d'angle tombaient avec un grand bruit ; les moellons soulevaient des nuages de poussière. Un homme en blouse s'arrêta auprès de la fontaine, se campa hardiment le poing sur la hanche, et regardant deux fédérés bien en face :

« Dire, fit-il avec un geste singulièrement expressif, que cette maison qu'ils font abattre aujourd'hui on la rebâtira demain..... avec notre argent !

— Vous avez raison, madame, dis-je à mon tour à la femme bien mise qui était toujours à la même place, le peuple raisonne bien ! »

Quand Versailles entra dans Paris, la démolition fut naturellement interrompue.

L'œuvre des Vandales s'est arrêtée au premier étage ; le rez-de-chaussée est encore debout, et l'Assemblée nationale, par un vote justement réparateur auquel la France entière applaudit, a déclaré que la maison du grand citoyen serait rebâtie aux frais de l'État. Mais comme aujourd'hui l'État n'est plus Louis XIV, mais bien vous et moi, il en résulte que cette farouche ineptie de la Commune augmente notre dette, déjà si lourde, d'un million, qui va s'ajouter aux milliards de la Prusse!

XX.

Pendant que les démolisseurs de la Commune s'acharnaient sur la maison de M. Thiers, un de ses plus hideux agents, Le Moussu, affublé d'une écharpe rouge de commissaire de police, pénétrait, à la tête d'une bande de profanateurs, dans une des plus célèbres, des plus populaires et des plus vénérées de nos églises, — j'ai nommé Notre-Dame des Victoires.

Dans les temps ordinaires, et quand la société est véritablement constituée, un commissaire de police, c'est un magistrat chargé de graves fonctions, et obligé de les faire respecter par la sévérité de sa vie et de ses mœurs.

Le magistrat de la Commune, commettant lui-même le crime qu'il devait empêcher, envahit l'église, suivi d'un détachement du 159e bataillon des fédérés, appartenant à cette population mal famée de Belleville, qui laissera un si triste souvenir dans l'histoire de nos derniers malheurs.

Il était cinq heures du soir. L'office du mois de Marie s'achevait. Ils vinrent. On expulsa brutalement les fidèles attardés dans la chapelle de la Vierge. On arrêta trois prêtres, deux membres du conseil de fabrique, et quand ce fut fait, ne trouvant plus d'obstacle, le commissaire ordonna le sac de l'église. L'histoire a sa pudeur, et nous rougissons d'avoir à raconter ces crimes qui sont des hontes. Mais il faut que le monde les sache..... et surtout que la France s'en souvienne! Une rage vraiment infernale, nous dit un témoin, fut déployée dans cette orgie communeuse : les tabernacles furent arrachés, les autels démolis, les confessionnaux renversés, les dalles du temple brisées. Le corps de sainte Aurélie, qui reposait sous l'autel de la Vierge, et celui du vénérable M. des Genettes, ancien curé de la paroisse et fondateur de l'Archiconfrérie, inhumé au pied du même autel, furent profanés. Les caveaux renfermant les ossements desséchés des religieux Augustins, qui étaient morts dans cet ancien couvent, furent violés. En même temps, on volait l'argent des troncs, on dépouillait l'église de tous ses ornements sans exception, on dévalisait les sacristies, et la fureur de ces misérables ne s'arrêta que lorsque le sanctuaire ne présenta plus que l'aspect de la ruine.

Alors commença une autre orgie non moins navrante. L'argent trouvé dans l'église avait été partagé entre ces héros du pillage. Il servit à payer les frais d'une ripaille à laquelle prirent part des cantinières et d'autres femmes de mœurs douteuses. Ces revenants de 93 se revêtirent des ornements sacerdotaux et simulèrent des cérémonies religieuses où l'odieux était mêlé au grotesque. La saturnale ne cessa que lorsque la fatigue et l'ivresse eurent couché les pillards sur le carreau.

Le lendemain, ils firent sur le seuil de la porte une exposition des ossements des religieux trouvés dans les caveaux, et ils montrèrent de loin au peuple assemblé sur la place la tête en cire, ornée de cheveux recouvrant le crâne, de sainte Aurélie, qu'ils présentèrent comme la tête d'une jeune fille assassinée récemment par les prêtres de l'église. Puis, pour compléter ce hideux tableau, ils firent sur la place publique le simulacre de se donner réciproquement la sainte communion au moyen de pains azymes non consacrés qu'ils avaient trouvés dans les sacristies et dont ils jetèrent les restes au vent en signe de mépris.

Le crime commis dans l'église de Notre-Dame des Victoires n'indigne pas seulement Paris et la France, il aura un douloureux retentissement dans le monde entier. Pour les catholiques de l'Angleterre et de l'Italie, de l'Espagne, de l'Autriche et de la Pologne, pour l'Afrique et pour l'Asie, pour les deux Amériques, et pour les îles lointaines de la Polynésie, où nos courageux missionnaires vont au péril de leur vie porter la parole de Dieu, l'église de Notre-Dame des Victoires est un sanctuaire célèbre et vénéré entre tous, dont les murailles revêtues d'ex-voto proclament la foi profonde de tout un peuple de croyants.

La Commune les a tous outragés du même coup, et elle a ainsi ajouté encore à l'exécration qu'elle mérite : elle a porté jusqu'au bout du monde l'horreur de son nom!

XXI.

Napoléon Ier gênait M. Courbet. La colonne de la place Vendôme offusquait ce Franc-Comtois. Il ne l'aurait tolérée qu'à la condition qu'on l'eût surmontée de sa statue. Il n'osa point toutefois le demander, par respect sans doute pour Ostyn, ou par égard pour Billioray. Entre membres de la Commune, on se doit bien quelque chose! Courbet fit des concessions, et il se contenta de provoquer le renversement du bronze d'Austerlitz.

L'art nous est trop cher, et tout ce qui porte le nom d'artiste nous inspire une trop réelle sympathie pour que nous n'ayons point vu avec un véritable chagrin un homme dont nous n'avons jamais partagé les théories excentriques, approuvé les idées, ou amnistié la colossale vanité, mais dont, même aujourd'hui, nous n'aurons pas l'in-

justice de nier le talent, se fourvoyer dans cette aventure de la Commune, aussi sotte qu'elle est haïssable. Pour qui connaissait celui que ses amis appelaient le *maître d'Ornans*, il était bien certain que les événements feraient de lui ce qu'ils voudraient. Il était à la merci de la destinée. L'envie de paraître, d'occuper le monde de sa personnalité, devaient le jeter dans les plus téméraires bagarres. Il est resté dans celle-ci. Tout ce que nous devons souhaiter maintenant, c'est que son exemple serve aux autres!

Dumas fils, dont la plume vaut le crayon des caricaturistes les plus mordants, l'a esquissé en charge avec un grand bonheur de traits.

« La république, a-t-il dit, a des générations spontanées, des éclosions subites de phénomènes imprévus, inanalysables, éphémères, gigantesques, ombres chinoises colossales qui viennent gesticuler, pousser un cri et mourir en une minute sur un fond rougi par le feu et le sang. De quel accouplement fabuleux d'une limace et d'un paon, de quelles antithèses génésiaques, de quel suintement sébacé peut avoir été générée, par exemple, cette chose qu'on appelle M. Gustave Courbet? Sous quelle cloche, à l'aide de quel fumier, par suite de quelle mixture de vin, de bière, de mucus corrosif et d'œdème flatulent a pu pousser cette courge sonore et poilue, ce ventre esthétique, incarnation du Moi imbécile et impuissant? »

Donc, tel qu'il était, Courbet se sentait gêné par la colonne, et il trouvait que ce monument lui faisait tort dans ce Paris où il n'avait pas encore de statue. Longtemps avant que l'imbécillité de ses électeurs ne l'eût adjoint aux grotesques de la Commune, c'était un de ses thèmes favoris que la démolition du bronze impérial. Tant qu'il ne fut point au pouvoir, on peut regarder cette sorte de monomanie comme la *toquade* sans danger d'un artiste mécontent. Mais, du moment où Courbet montait au pinacle, Napoléon Ier devait tomber de son piédestal.

On sait que le monument dont le nom populaire était *colonne Vendôme*, et le nom officiel *colonne d'Austerlitz,* fut élevé en 1810, pour célébrer la brillante et rapide campagne de 1805. On sait aussi que la colonne remplaçait la statue équestre de Louis XIV, fondue par Keller sur le modèle de Girardet, inaugurée en 1669 et détruite en 1792.

Imitation un peu agrandie de la colonne Trajane, la colonne Vendôme n'était peut-être pas dans une parfaite harmonie avec l'ensemble des bâtiments élevés sous le Roi-Soleil par Hardouin et Mansart, et qui lui servaient de cadre. Mais, telle qu'elle était, la colonne Vendôme fut toujours chère à l'orgueil national, dont elle caressait la fibre. Les Parisiens l'aimaient, et c'était une des premières curiosités qu'allait admirer le provincial débarqué du coche. Si, vu de trop près, le monument de la place Vendôme perdait quelque peu de son prestige, si les bas-reliefs qui la décoraient, modelés sur les dessins de Bergeret (pas *lui-même!*), n'avaient pas une valeur excessive comme œuvre d'art, l'aspect général de la colonne, à la fois imposante et svelte, faite du bronze de la conquête, et portant la statue de son héros dans les airs, n'en charmait pas moins le regard, en réveillant dans l'esprit des idées de force et de gloire. Jeter à bas ce souvenir d'un passé qui fut grand, renverser ce témoignage des victoires de nos pères, le lendemain de la plus sanglante de nos défaites, réjouir l'oreille allemande, aux écoutes derrière nos remparts, du fracas de cette chute, c'était insulter à l'orgueil du pays dans ce qu'il a de plus justement irritable; c'était froisser une susceptibilité que les circonstances ont rendue singulièrement douloureuse; c'était contrister l'âme même de la patrie. Paris ne s'y trompa point, et, au milieu de tant de douleurs, il ressentit celle-là cruellement.

Si grande que fût la compression et la terreur, nous avons entendu gronder de sourdes colères au moment où fut consommé l'attentat, et, depuis la rue de Rivoli jusqu'au boulevard des Capucines, sur la place même, le long des rues de Castiglione et de la Paix, plus d'une imprécation fut lancée contre ces profanations éhontées de l'histoire.

Commencée le 25 août 1806, — le jour de la fête de Saint-Louis, — la colonne s'éleva par les soins de Denon, Gondouin et Lepère, et fut inaugurée le 15 août 1810.

Posée sur un piédestal, assis lui-même sur des pavés et des gradins en granit de Corse, la colonne Vendôme avait une hauteur totale de quarante-trois mètres. Son noyau en pierres de taille avait été revêtu de deux cent soixante-seize plaques de bronze, ornées de bas-reliefs, et représentant les épisodes de la campagne. Ces plaques, provenant de la fonte de douze cents canons, et contournées en spirales, ceignaient vingt-deux fois le noyau central. Au sommet du monument on avait placé une statue de l'empereur en costume romain, fondue par Lemot sur les dessins de Chaudet.

Les grands bas-reliefs revêtant les quatre faces du piédestal représentaient des costumes et des accessoires militaires, dûs au ciseau de Rude et de Duret.

En 1814, la statue fut renversée de son piédestal et remplacée par une gigantesque fleur de lys, surmontée d'un drapeau blanc.

Après 1830, la fleur de lys et le drapeau blanc furent renversés à leur tour, et le roi-citoyen, qui ne savait pas encore ce que coûterait à sa race cette restauration du culte napoléonien, eut l'imprudence d'ordonner que l'on replaçât l'empereur sur sa colonne. Mais, cette fois, ce fut le Napoléon historique et légendaire, l'homme au petit chapeau et à la redingote grise, qui découpa sur l'azur sa silhouette un peu maigre, — mais si populaire — après sa mort. Seure l'avait fait fondre avec les canons d'Alger, par Crozatier, auquel il avait confié sa maquette.

Le second empire trouva cet empereur mesquin : il oubliait volontiers la redingote et le chapeau. Il fit enlever, mais avec des formes, ce petit caporal indigne de Paris et bon tout au plus pour la banlieue : on l'envoya au pont de Courbevoie, où depuis il eut des malheurs, — il est aujourd'hui renversé comme *l'autre,* — et l'on inaugura une troisième effigie, vêtue à la romaine tout comme la première. C'est cet empereur romain qui tomba le 20 mai avec sa colonne.

Un membre de la Commune parodiant, sans le connaître peut-être, le mot de Henri III devant le cadavre du duc de Guise, regarda ce bronze sur le pavé :

— Je ne croyais pas, dit-il, qu'il fût si grand !

L'empereur avait cependant perdu la tête dans sa chute ! Lui-même se détacha, par la violence du contre-coup, de la cime arrondie de la colonne, sur laquelle il posait fièrement, et la statue dorée de la Victoire surmontant le globe qu'il tenait dans une de ses mains, rejaillit... jusque dans la poche d'un amateur peu scrupuleux qui, faisant à son profit exclusif l'application des doctrines de la Commune, a jugé à propos de la garder.

Le second acte de vandalisme de la Commune n'aura comme le premier qu'un résultat éphémère.

Les modèles des bas-reliefs ont été retrouvés. Le bronze n'est pas perdu, il retournera au creuset, et nous verrons encore s'élever au milieu de la ville pacifiée le monument restauré de nos gloires ineffaçables. L'Assemblée nationale l'a décidé, la Nation approuve. Mais, cette fois, ce ne sera plus une faction ou un parti qui couronnera de son symbole le monument relevé : il appartiendra à la France... à elle seule!... et ce sera son image grandiose et sereine qui dominera la colonne à jamais[1].

XXII.

Le renversement de la colonne, la démolition de la maison de M. Thiers, le sac et la profanation de Notre-Dame des Victoires, les pillages organisés de Notre-Dame de Paris, de la Trinité, de Notre-Dame de Lorette et de cent autres églises ou maisons religieuses qui excitaient ou la haine ou la cupi-

---

[1] Tous les fragments de la colonne de la place Vendôme ont été transportés dans la cour du palais de l'Industrie. Chacun d'eux est numéroté; le dernier porte le numéro 274.

Ne sont pas numérotés le dôme de la colonne, ainsi que la statue de Napoléon Ier, dont la hauteur ne mesure pas moins de cinq mètres.

dité de la Commune et de ses adhérents, n'étaient que le prélude des atrocités par lesquelles ils devaient, quelques jours plus tard, terrifier le monde et tenter d'accomplir ce qui semblait pour eux le grand œuvre, — je veux dire la destruction de Paris!

Pour peu que l'on accorde à ces malheureux une lueur d'intelligence, si faible qu'on veuille la supposer, il est vraiment difficile de croire qu'ils aient pu admettre un seul instant la possibilité de leur triomphe définitif. Certes, la fortune des guerres civiles a dû corrompre singulièrement le sens politique, et aussi le sens moral de notre malheureux pays. Sans doute, on a vu réussir, contre la justice et contre le droit, des révolutions dont le succès fut tout à la fois un opprobre et une ruine pour la France.... Mais enfin, toutes avaient des prétextes, sinon des raisons, et elles pouvaient ainsi espérer la complicité intéressée du reste de la nation.

Mais l'insurrection du 18 mars, cette révolte d'un niveau si bas et d'un caractère si pervers, comment pouvait-elle espérer des partisans, des approbateurs et des soutiens, ailleurs que dans ces quelques centres d'infime corruption, autour desquels le pays tout entier se hâte de faire le vide! Éclatant brusquement en pleine république, en pleine liberté, en face de l'ennemi, l'arme au pied autour de nos remparts, maître d'une partie de nos forts, contre la souveraineté même de la nation affirmée par le suffrage universel; contre l'Assemblée la plus librement élue et aussi la plus libérale que nous ayons jamais vue représenter la France; contre la religion, contre l'industrie, contre la famille, contre le travail; en un mot contre tous les intérêts et contre tous les droits, contre tout ce qui fait la vie même d'un peuple, une telle révolte devait soulever contre elle la terre et le ciel. Elle se rendait elle-même la victoire impossible!

On peut déclarer la guerre à un despotisme, à une aristocratie... on peut même la déclarer à une démocratie, — en un mot, à une forme quelconque de gouvernement, parce que l'on est certain que cette forme aura nécessairement contre elle les partisans de toutes les autres; — mais on ne peut pas déclarer la guerre à une civilisation, à une société, à une patrie, parce qu'en pareil cas on ligue tout un monde contre soi, et que l'on n'a pour soi, au contraire, qu'une minorité impuissante et méprisée! Quand on n'a pour dogme qu'un athéisme grossier, pour symbole qu'un matérialisme abject, pour programme que la paresse avinée d'une foule parodiant l'armée, pour idéal que l'exploitation de toutes les classes par une seule, on peut réussir à planter un drapeau sur une barricade, on n'arrivera jamais à rien fonder de durable. La Commune des communeux n'était pas née viable. Elle put condamner Paris à la subir pour un temps; mais elle savait qu'elle était l'exécration de la France et l'horreur du monde; elle savait quelle tomberait un jour, — et bientôt, — sous le poids de cette réprobation universelle. Je les aurais assez volontiers comparés, ces hommes, en présence de leur fin prochaine, à l'équipage d'un navire en péril, qui, n'ayant plus que quelques heures à vivre, voudrait du moins absorber toutes les provisions du bâtiment. Et ceux-ci étaient d'autant plus certains du naufrage qu'ils étaient décidés à mettre eux-mêmes le feu aux poudres! Ils se hâtaient donc, comme a dit le poëte :

« A qui dévorerait ce règne d'un moment! »

Ils savaient bien qu'il ne leur serait accordé que quelques jours, et ceux de la bande qui avaient la moindre teinture des choses militaires auraient pu prédire, en quelque sorte à heure fixe, le moment précis de la catastrophe finale.

Longtemps ils ne songèrent qu'à deux choses également ignobles et basses : la satisfaction, par le pillage et le vol, des instincts les plus grossiers, et l'assouvissement, par la ruine et la persécution, de leur haine et de leur envie!

Mais quand ils virent que ces joies éphémères et maudites allaient leur échapper avec le pouvoir; quand ils sentirent que la défaite approchait, certaine, inévitable, et qu'ils se trouvèrent ainsi en face de l'expiation, qu'ils prévoyaient sans doute proportionnée à leur forfait, ils voulurent du moins se donner la joie atroce d'une suprême destruction, en comparaison de laquelle tout ce qu'ils avaient fait jusque-là ne serait qu'une insignifiante tentative. C'était à eux seuls, en effet, que pouvait appartenir le triste honneur de se surpasser en atrocités.

XXIII.

A la date du 18 mai, la position de la Commune était vraiment mauvaise.

Les bulletins officiels annonçaient vainement *de bonnes matinées et de bonnes journées, des nuits calmes, des reconnaissances hardies, des attaques repoussées, des sorties heureuses* et *des batteries démontées...;* tout cela était inutile ; la foi manquait; on ne croyait plus aux bulletins; on lisait entre leurs lignes, et c'était précisément ce qu'ils ne disaient point que l'on regardait comme certain. Il est vrai que l'on entendait le canon de l'armée régulière tonner de si près, qu'on s'imaginait parfois qu'il était au cœur même de la ville. On suivait d'heure en heure le progrès des travaux d'investissement; on savait que, depuis Asnières jusqu'à Montrouge, c'est-à-dire sur une étendue de près de trois lieues, et en de certains endroits à moins de trois cents mètres des remparts, l'artillerie de siége était prête pour une attaque.

Déjà trois portes avaient leurs ponts-levis brisés, et déjà s'ouvrait la large brèche du Point-du-Jour.

La Commune annonça son triomphe prochain. Ce qui fit que tout le monde espéra sa défaite immédiate.

Dans l'après-midi du dimanche 21 mai, les assiégés, étourdis par la continuité du feu des assaillants, avaient abandonné les abords du bastion n° 64, où la brèche était ouverte. Le général Douay pénétra par cette brèche avec quelques troupes, génie, artillerie, infanterie. Une partie de l'armée défila bientôt à sa suite.

Delescluze, le ministre de la guerre, fut immédiatement informé du fait, et, fidèle en cela aux procédés de la Commune, il le nia énergiquement.

Cependant les généraux Clinchant et Ladmirault suivaient le général Douay. Dans la nuit, la position de la Muette était enlevée, et avant l'aube, depuis le Point-du-Jour jusqu'à Levallois, tous les bastions tombaient au pouvoir de l'armée fidèle. Le drapeau rouge était arraché de l'arc de triomphe de l'Étoile, et les trois couleurs nationales flottaient sur les hauteurs du Trocadéro.

Au matin du lundi 22 mai, le Comité de salut public jeta son cri d'alarme.

« Que tous les *bons citoyens* se lèvent.

» Aux barricades! *l'ennemi* est dans nos murs.

» Pas d'hésitation.

» En avant pour la République, la Commune et la Liberté!

» Aux armes! »

Les trois journées qui suivirent furent décisives. Elles sauvèrent Paris.

Conçu avec une rare habileté, le plan de l'armée nationale fut exécuté avec une vigueur et une précision remarquables. Évitant les grandes voies, défendues par des barricades très-solidement établies et défilées par une artillerie puissante, les troupes s'emparèrent promptement de toutes les rues latérales.

Tandis que les troupes du général de Cissey, aujourd'hui ministre de la guerre, bordaient la rive gauche de la Seine jusqu'à la hauteur des Tuileries, celles du général Clinchant envahissaient le huitième arrondissement, et les divisions du général Ladmirault enlevaient les hauteurs de Montmartre avec un admirable élan, et s'emparant de la nombreuse et puissante artillerie que les fédérés avaient braquée contre Paris, sauvaient ainsi de la plus horrible destruction, — une destruction totale et inévitable, — les trois ou quatre quartiers les plus riches et les plus peuplés de la ville, que la Commune avait voués, de préférence et par choix, avant tous les autres, à l'incendie et à la mort.

La lutte pouvait se prolonger quelque temps encore. Beaucoup d'hommes étaient tombés déjà ; beaucoup d'autres entraînés, fanatisés, enivrés par l'odeur de la poudre et par les boissons capiteuses, qu'on leur prodiguait perfidement, consentaient encore à mourir. La lutte pouvait se prolonger dans les quartiers excentriques, que gagnaient de proche en proche les partisans de la Commune à mesure que la victoire de l'armée nationale les chassait et les refoulait devant elle.

Mais ce combat, sans victoire possible, n'était déjà plus que la suprême convulsion d'une agonie. Personne ne l'ignorait dans la place, ni la Commune, ni le Comité central, ni le Comité de salut public. Depuis longtemps, tous, à l'exemple des damnés dont parle le grand poëte florentin, tous avaient laissé l'espérance en franchissant le seuil de la *cité dolente*. Le moment arrivait donc de mettre à exécution les terribles menaces faites à Paris ; c'était l'heure de le détruire, pour le punir sans doute de la mansuétude forcée avec laquelle il avait subi le règne odieux de la Commune. Quoiqu'il en fût, Billioray le joueur de vielle, Mégy l'assassin, Vermorel le mouchard, Ostyn, le fils de mon portier, Panille le faussaire, s'étaient promis d'allumer Paris comme une torche funèbre pour éclairer leur mort...... ou leur fuite dans les ballons qu'ils avaient prudemment préparés depuis quelque temps déjà. Il est vrai que, se révoltant un peu tard, les fédérés crevèrent ces ballons à coups de baïonnette, en disant aux misérables qui les avaient perdus :

—Puisque vous nous avez mis dans cette galère, vous y resterez avec nous !

Enfin le moment suprême était arrivé, et Paris allait entendre ce lugubre

« *Dies iræ, dies illa !* »

que le destin chantera successivement sur les ruines de toutes les villes anéanties !

XXIV.

Pourquoi ne pas l'avouer ? même chez les plus braves, même chez ceux qui, en s'enfermant dans Paris, savaient bien qu'ils jouaient leur tête, et qui, par conséquent, avaient fait le sacrifice de leur vie, il y eut un moment d'angoisse terrible. On peut ne pas craindre la mort, et, pourtant, sentir, malgré soi, une invincible horreur contre certains genres de mort. Mourir sans vengeance, tomber inutilement, sans entraîner un ennemi dans sa chute, sans servir, au moins par la destruction de quelqu'un de ces êtres malfaisants, la cause sacrée que l'on défendait contre eux, c'est triste !... Et puis, on n'est pas parfait, parce que l'on n'est pas seul au monde, après tout ! Ici ou là, tout près ou plus loin, il y a peut-être un être aimé qu'on ne reverra plus, auquel on songe...... qui vous oubliera sans doute.... il paraît que c'est la grande loi humaine.... et que pourtant on regrette !

Ce sont-là les accompagnements lugubres de la mort, plus terribles que la mort même !

Que faire pourtant ? Se résigner et attendre ! On se défend contre une épée nue; on se gare contre un obus ! Mais qui donc pourrait vous protéger contre un quartier qui saute ? Et ce n'était pas seulement un quartier, c'était toute la ville qui devait sauter ce jour-là avec ses habitants....

— Vous n'entrerez pas dans Paris ! avait dit le *Cri du peuple* à M. Thiers.

Et à cette parole de défi il avait ajouté cette phrase grosse de menaces :

— Si vous êtes chimiste, vous nous comprendrez !

Si vous êtes chimiste !...

La chimie est la véritable science du siècle positif auquel nous appartenons. On peut dire qu'elle est notre contemporaine, tant ses progrès ont été rapides, ses conquêtes surprenantes, ses transformations inattendues, depuis une centaine d'années ; tant ses découvertes ont reculé les limites du possible. La chimie arme, pour ainsi parler, l'homme d'une puissance sans bornes ! Grâce à elle, il peut tout pour le mal. Des substances nouvelles, que nos pères ne soupçonnaient pas, sont sorties du creuset de nos laboratoires, en dotant le monde d'une force de destruction que l'on peut sans hyperbole qualifier d'infinie. Si, au quinzième siècle, l'invention de la poudre de guerre donna tout-à-coup un développement nouveau, et dont le besoin ne se faisait pas sentir, à l'art de tuer les hommes, qu'était-ce donc que la poudre, en comparaison du fulmi-coton, de la nitro-glycérine, du picrate de potasse ou de la dynamite? Ces formules scientifiques, résultat de la manipulation obscure des plus communes et des plus viles substances, n'en mettent pas moins entre les mains de ceux qui les possèdent la vie et la mort, le salut ou la perte d'une partie du genre humain.

On le savait! Et l'on savait aussi que ces formidables ingrédients étaient entre les mains des plus implacables et des plus féroces ennemis que le monde ait jamais eus. Que la Commune voulût se servir d'un tel pouvoir, c'est là ce dont il n'était permis à personne de douter. Elle avait, du reste, assez nettement déclaré ses intentions : ou tout garder avec la victoire, ou tout anéantir dans la défaite. Tel était son programme!

A vingt reprises différentes, les habitants de Paris avaient été informés qu'aucun des moyens de destruction dont la science dispose ne serait négligé pour réaliser les sinistres menaces de nos maîtres. Ils connaissaient le sort qui les attendait. Ils savaient que, sous leurs principaux monuments, en avant des barricades, à l'entre-croisement des grandes artères de notre circulation, on avait accumulé de véritables magasins de poudres ; ils savaient que vingt mille *bombes Orsini,* aussi légères que dangereuses, d'un maniement aussi facile que leur emploi était terrible, avaient été confiées à des mains trop obéissantes ; ils savaient que toutes les substances incendiaires avaient été depuis longtemps déjà réquisitionnées par la Commune. On avait fait mille récits, trop véridiques, hélas ! d'un engin nouveau, dont l'effet devait être irrésistible. C'était une pompe, armée d'un gigantesque tuyau, plongeant dans un réservoir de fonte, y puisant le pétrole, et le lançant à jet continu jusqu'à l'effrayante hauteur de cent cinquante pieds, et capable de donner ainsi à l'incendie des édifices les plus hauts une force et une intensité contre lesquelles aucun courage et aucun effort ne sauraient prévaloir. Le hasard, cet incognito de la Providence, pouvait seul sauver Paris d'un engloutissement total. Mais, cette fois encore, nous avons pu dire avec un sentiment de pieuse reconnaissance :

DIEU PROTÉGE LA FRANCE !

XXV.

Oui, sans doute, nos malheurs sont bien grands, mais ils pouvaient être plus grands encore! Palais écroulés, monuments détruits, rues éventrées, maisons béantes, vestiges noirs et hideux de la flamme et de l'obus, décombres amoncelés dans les rues, troupes errantes de malheureux sans asile, voilà ce que l'œil attristé contemple aujourd'hui dans Paris.... Mais ce gigantesque entassement de ruines n'est qu'une faible ébauche de la destruction sans limites rêvée par la Commune.

Oui, ne cessons de le répéter! nos pertes sont affreuses; mais elles pouvaient être bien plus terribles encore!

Paris a vu sombrer dans l'abîme des flammes une partie de ses palais. Les Tuileries, le Palais-Royal, l'Hôtel de Ville, le Palais de Justice ne sont plus que des ruines. J'en dirai autant des grandes constructions du quai d'Orsay. La *grand'ville*, comme l'appelait Henri IV, la capitale si riante et si riche, qui attirait à elle les artistes et les gens de loisir de tous les pays, est aujourd'hui à demi ensevelie sous la cendre.

L'histoire a perdu ses témoins!

La maison de nos rois a disparu. De l'œuvre élégante de Philibert Delorme, il ne nous reste plus aujourd'hui que des murailles crevassées et noircies; la bibliothèque du Louvre n'est plus qu'un souvenir; l'Hôtel de Ville un amas de débris; la Préfecture de police n'est plus rien ! le Palais de Justice est à moitié dévoré; Saint-Eustache a beaucoup souffert; la manufacture des Gobelins a perdu plusieurs de ses salles; on se détourne de son chemin pour ne pas traverser la rue Royale-Saint-Honoré; la place de la Concorde, la rue de Lille et la rue du Bac longtemps encore attristeront le regard.

Ce sont là d'immenses malheurs et dont il est difficile de se consoler.

Mais, pourtant, quand on songe que les incendiaires n'avaient projeté rien moins qu'une destruction complète; quand on voit qu'ils y avaient travaillé scientifiquement, qu'ils avaient étudié avec une précision d'ingénieurs ce Paris qu'ils voulaient égaler au sol; que la bande avait son système, son plan régulier; qu'elle travaillait en grand et méthodiquement; que non-seulement elle accumulait les matières inflammables sur les points où elle tenait à porter plus particulièrement la destruction, mais encore qu'elle coupait les conduites d'eau, qu'elle emportait les pompes, qu'elle dérobait les échelles, on se dit avec un sentiment mêlé tout à la fois de gratitude et d'effroi, que, si dignes de larmes que soient nos malheurs, ils sont peu de chose, en comparaison de ce qu'ils pouvaient être.

Oui, dans la pensée de ces monstres à visage

humain, rien ne devait échapper à la flamme allumée par leurs mains, et nous-mêmes, aujourd'hui, nous ne devrions plus être que des cadavres calcinés sous des cendres refroidies.

Cependant, nous avons encore la plupart de nos églises. Le commencement d'incendie de Notre-Dame de Paris a été promptement éteint par les internes de l'Hôtel-Dieu et les honnêtes habitants du quartier ; entre le double incendie du Palais et de la Préfecture de police, la Sainte-Chapelle, cette merveille des merveilles, cette perle fine de l'architecture religieuse du treizième siècle, reste intacte avec ses beaux vitraux. Les pompiers de Chartres, qui ont appris le respect et l'amour des monuments au pied de leur belle cathédrale, ont préservé le sanctuaire où saint Louis priait, à force de zèle et de soins, en l'inondant sous un déluge incessamment renouvelé pendant deux jours et deux nuits.

Nos musées nous restent. C'est une des richesses de Paris, de la France et du monde, que nous avons pu sauver ainsi de nos désastres. La flamme qui dévorait la belle bibliothèque du Louvre s'est arrêtée au seuil du Musée des Antiques. Nous n'avons perdu ni une toile ni un marbre.

Un miracle et le zèle infatigable d'un de ses conservateurs, M. de Tournemine, a sauvé le Luxembourg, ce Louvre des peintres vivants !

Le musée de Cluny a gardé ses trésors : il a

toujours ses reliques et ses souvenirs, ses meubles et ses bijoux, ses armures et ses faïences, en un mot, tout cet ensemble de choses rares et curieuses, qui font revivre sous nos yeux les siècles passés.

Nous avons perdu, et nous regrettons vivement, les bibliothèques du Louvre et du Palais-Royal. Mais le grand dépôt national de la rue de Richelieu, menacé à plusieurs reprises par les agents de la Commune qui s'en étaient emparés dès les premiers jours, a échappé à cette crise si redoutable, sans y laisser une page de ses imprimés, une feuille de ses manuscrits. Il est toujours le premier trésor littéraire du monde. Il en est de même du riche amas de livres rares et de manuscrits inestimables de la bibliothèque de l'Arsenal, sur lesquels ont passé sans les atteindre le feu et la fumée du Grenier d'Abondance qui brûlait tout à côté :

« *Jam proximus ardet Ucalegon!...* »

Nous en pouvons dire autant de la bibliothèque de Sainte-Geneviève, si précieuse pour les étudiants qu'elle instruit, qu'elle chauffe et qu'elle éclaire; pour les bibliothèques de la Sorbonne, de l'École normale, de l'École de médecine et du Corps législatif; pour celle du Sénat, livrée au public depuis qu'il n'y a plus de Sénat.

On avait tremblé un moment pour nos Archives,

Elles sont sauvées, et avec elles les matériaux authentiques de notre histoire. On sait l'ordre admirable qui préside au classement de ces manuscrits dans les vastes salles de l'hôtel de Soubise. Cet hôtel n'est séparé que par une rue du Mont-de-Piété, où les millions dont ils auraient bien voulu disposer attiraient chaque jour les communeux.

Ils ont oublié les Archives, comme l'Imprimerie nationale, où ils auraient pu commettre d'irréparables dégâts.

Grâce à Dieu, et à l'intervention prodigieusement active de nos soldats, l'œuvre de la barbarie a été heureusement entravée dans son cours.

Elle n'avait, hélas! accompli déjà que de trop nombreux et de trop lamentables désastres.

XXVI.

A présent que nous avons vu ce qui a été sauvé, jetons un coup d'œil sur ce qui a été détruit, et que le lecteur nous permette de lui servir de guide *à travers les ruines*.

Le MINISTÈRE DES FINANCES a été un des premiers objectifs de l'incendie systématique qui devait s'étendre à tous les monuments de Paris.

Dès le lundi, les pompiers de la Commune, qui étaient chargés non pas d'éteindre mais d'allumer le feu, avaient préparé les bâtiments de façon

D'après une photographie de A. Appert.

Ministère des finances (rue de Rivoli).

à ce qu'ils fussent tout prêts à brûler. Le pétrole avait accompli là encore son office accoutumé. Une étincelle pouvait faire le reste! Le mardi soir, le ministère comptait plusieurs foyers dans ses combles, et les archives logées au cinquième étage se consumaient silencieusement. Le sauvetage était d'autant plus difficile que les conduites d'eau avaient été coupées à la hauteur de la rue Castiglione, et que les fédérés, encore embusqués dans les environs, tiraient sur les courageux citoyens qui s'efforçaient d'arrêter l'incendie. D'ailleurs, des bombes à pétrole et des cartouches semées partout dans le bâtiment rallumaient le feu à mesure que l'on cherchait à l'éteindre, et lui donnaient ainsi une ardeur nouvelle. Les innombrables bureaux et tous les logements que renfermait l'édifice ont été visités par les flammes, et de cette énorme construction, qui n'avait pas coûté moins de dix millions, il ne reste plus aujourd'hui que des murailles nues, lézardées et noircies!

Le grand art architectural n'a rien à voir dans sa perte. Élevé sur le plan général de la rue de Rivoli, l'aspect du Ministère des Finances n'offrait rien de saillant. C'était une maison comme une autre, un peu plus grande, voilà tout. L'entrée avait quelque chose de particulièrement sombre, plus digne d'une prison que d'un palais; mais l'intérieur avait été aménagé fort habilement pour les besoins du service.

Une large portion de la façade qui regarde le jardin des Tuileries s'est effondrée dès le second jour, d'autres parties encore sont toutes prêtes à s'écrouler également; on aperçoit de la rue les plafonds crevés et la toiture à jour, laissant voir le ciel par ses interstices béants; çà et là des pans de muraille menacent ruine. Pour l'artiste, pour l'homme dont le regard est apte à saisir le côté pittoresque des choses, le Ministère des Finances sous le fléau destructeur qui l'étreint, à demi détruit, a pris tout à coup une tournure fière et une grandeur d'aspect qu'il ne connut jamais avant ses malheurs.

Le Ministère des Finances occupait l'emplacement d'une partie des bâtiments et des jardins du couvent jadis si célèbre des Feuillants, fondé en 1587, supprimé en 1790, et démoli en 1804. Henri III et Henri IV venaient souvent passer quelques heures dans ce monastère. Louis XVI et sa famille y passèrent la nuit du 10 août 1792, et, trois jours après, la royauté quittait les Feuillants pour le Temple, — qu'elle devait bientôt quitter pour la mort.

Quand on apprit dans Paris l'incendie du Ministère des Finances, on trembla pour le Grand-Livre, ce dépositaire de la fortune publique et privée de la France. On eût pu se rassurer d'abord, en songeant que le Grand-Livre n'est pas tiré à un exemplaire unique, et qu'il en existe une double et même une triple expédition parfaitement authentique. Il ne faut pas que la fortune d'un pays soit à la merci d'un coup de main.

Le sauvetage des papiers de toutes sortes composant les archives et la comptabilité du ministère a, du reste, été très-habilement organisé par les employés de tous grades qui se trouvaient alors présents à Paris, et qui se sont hâtés d'accourir. Les habitants des maisons voisines, heureux de se voir enfin délivrés des suppôts de la Commune, se sont mis avec le plus louable empressement au service de ces fonctionnaires dévoués, et tous ensemble ont concouru, avec l'aide des bons lignards, qui se trouvaient partout à la fois, à la préservation à peu près absolue de documents d'une importance si capitale. L'Internationale, et la Commune, son alliée, ou plutôt sa servante, savaient bien ce qu'elles faisaient en s'attaquant au Ministère des Finances : c'était une blessure presque mortelle qu'elles faisaient au crédit de la France, car elles auraient, en réussissant, jeté un véritable trouble dans notre comptabilité générale, qui a besoin, aujourd'hui plus que jamais, d'apparaître à tous les yeux avec une clarté, une limpidité qui ne laissent dans l'esprit de personne la possibilité même d'un soupçon.

XXVII.

Je ne sais rien de plus navrant que la partie de la rue Royale qui s'étend depuis le numéro 23 de cette rue jusqu'à l'entrée du faubourg Saint-Honoré. Il est difficile de passer devant ce témoignage d'une barbarie à la fois stupide et furieuse sans éprouver un frémissement de colère et d'indignation.

Dévorées, rongées, renversées par la flamme, les façades à demi disparues laissent pénétrer le regard dans les intérieurs empreints d'une désolation que la parole humaine se sent impuissante à rendre. J'ai contemplé bien des choses tristes dans ma vie; mais une chose si triste, je ne l'ai jamais vue.

Capricieuse et violente, la flamme est allée d'un étage à l'autre, ravageant ici, épargnant là; emportant dans son irrésistible étreinte une muraille que l'on eût crue faite pour supporter un siége, et laissant intacte quelques meubles fragiles, une pendule de boudoir ou un jouet d'enfant, comme pour mieux faire voir à quel point elle se joue de toutes les prévisions humaines !

Vues de l'autre côté de la rue, ces maisons ainsi ouvertes, le mot propre serait éventrées, semblent placées là pour exciter dans toutes les

D'après une photographie de Baudnitz.

Maisons incendiées de la rue Royale Saint-Honoré.

âmes l'horreur des discordes civiles et l'exécration des monstres qui les fomentent. Je ne sais vraiment pas de destruction plus hideuse et plus effrayante que celle-là, parce qu'elle en est encore à la période de la désolation, sans avoir rien de la poétique beauté que le temps donne aux ruines.

L'incendie de la rue Royale a commencé dans la maison faisant le coin du faubourg Saint-Honoré, n° 1, où se trouve — où se trouvait — le magasin de modes et de confections de M. Aurelly. Vers cinq heures de l'après-midi, un capitaine du 110e bataillon des fédérés entra dans le magasin.

— Je vous préviens, dit-il avec l'exquise politesse qui caractérise les hommes de la Commune, que je vais f..... le feu chez vous; vous avez cinq minutes pour partir.

On partit, et le feu trouvant un choix de ses aliments préférés, dans toutes ces choses légères et inflammables de la toilette féminine, s'élança bientôt sur tout ce groupe de maisons; et il fit rage. C'est au numéro 1 du faubourg Saint-Honoré que six malheureux jeunes gens, qui s'étaient cachés dans une cave pour échapper aux réquisitions forcées de la Commune, faisant aux réfractaires l'odieuse chasse que chacun sait, ont trouvé la plus horrible des morts : ils furent ensevelis sous les décombres brûlants.

Un peu plus loin, au numéro 3, une galerie de trente mètres de long sur dix de large, qui avait reçu en dépôt des livres rares et des marchandises de prix, fut en un moment la proie des flammes : tout fut dévoré!

Ce coin jadis si brillant du Paris heureux et riche, qui chaque jour, de trois heures à sept, voyait passer le défilé triomphant de tous les luxes, de toutes les célébrités, de toutes les élégances allant d'un faubourg à l'autre, se rendant des boulevards au Bois, oui, ce petit coin privilégié où semblait se concentrer dans son intensité la plus puissante la vie même de la cité-reine, a été, au jour de ses revers, un des plus cruellement éprouvés. Tandis que l'incendie engloutissait ainsi ses belles et riches maisons, une quadruple fusillade partant de la barricade de la rue Saint-Honoré, de l'église de la Madeleine, du passage de ce nom et de la place de la Concorde, le sillonnait de ses balles meurtrières. Toute fuite était impossible. Il fallait rester là..... et mourir.

XXVIII.

Un des incendies dont Paris s'est le plus effrayé, ce fut certainement celui du palais des Tuileries.

Notre éducation artistique laisse beaucoup à désirer en France; et même à Paris, surtout au point de vue architectural. En fait d'architecture, nous sommes trop portés à prendre la masse pour

Incendie du Palais des Tuileries.

la beauté, et nous nous imaginons assez aisément que l'édifice qui couvre un certain espace du sol doit, par cela même, être digne de notre admiration.

C'est un peu à cela, je le crois, qu'il faut attribuer le sentiment de consternation qui s'empara de beaucoup de gens, quand ils apprirent que le palais des Tuileries était en flammes.

Peut-être aussi, et à leur insu, même dans les âmes républicaines, se glissait-il un sentiment monarchique! Dans la pensée de beaucoup de gens, en effet, le palais des Tuileries est mêlé intimement et depuis des siècles à l'histoire publique et privée de nos rois.

C'est là une erreur! mais le château, aujourd'hui encore, a le bénéfice de cette erreur : on s'imagine volontiers qu'il a toujours abrité la royauté sous son toit, et il en garde aux yeux de tous je ne sais quel incontestable prestige.

Les Tuileries ne tiennent, en effet, qu'une très-petite place dans les souvenirs de l'ancienne monarchie, et l'on y retrouverait bien plutôt ses deuils et ses revers que ses splendeurs et ses gloires.

Le terrain occupé jadis par le palais des Tuileries s'appelait la Sablonnière. Le voisinage de la rivière semblait indiquer les industries céramiques, qui ont toujours besoin d'eau. On y établit des tuileries, et leur nom est resté aux constructions plus ou moins somptueuses qui remplacèrent les modestes établissements élevés d'abord sur la Sablonnière.

Au quatorzième siècle, le propriétaire du terrain des Tuileries, Pierre des Essarts, en fit don à l'hospice des *Quinze-Vingts*. Deux siècles plus tard, Nicolas de Neuville y possédait une maison de campagne... En ce temps-là, les Tuileries c'était la campagne. François Ier acheta la maison de Nicolas de Neuville, qu'il paya de la terre de Chanteloup. La mère du roi-chevalier venait de temps à autre y respirer l'air des champs. Mais, comme son fils devait l'écrire plus tard avec la pointe de son diamant sur la vitre de Chenonceaux :

« Souvent femme varie !
Bien fol est qui s'y fie ! »

La princesse se dégoûta bientôt de sa maison de campagne, et la donna à Jean Tiercelin, officier dans la maison de son petit-fils.

Plus tard, lorsque la veuve de Henri II, Catherine de Médicis, quitta le palais des Tournelles, et vint établir sa résidence au Louvre, elle acheta à son tour les Tuileries, et donna l'ordre à Philibert Delorme de lui construire à cette place un *château de plaisance*. L'illustre architecte se mit à l'œuvre en 1564.

Il éleva, au centre de ses constructions, un pavillon composé d'un rez-de-chaussée, d'un premier étage et d'un attique surmonté d'un dôme. Le rez-de-chaussée, qui subsistait encore il y a quinze jours tel que Philibert Delorme l'avait construit, c'était le pavillon de l'Horloge. Il était percé dans le milieu d'une porte en plein-cintre, avec un fronton circulaire, remplacé depuis par l'arcade qui donne passage de la cour dans le jardin. Le premier étage n'avait pas de fenêtres au milieu, comme aujourd'hui. A la place était un panneau, entouré de moulures et de chambranles, avec des consoles supportant un écusson. De chaque côté, Philibert Delorme avait placé deux pilastres composites, à l'aplomb des colonnes du rez-de-chaussée, supportant un entablement orné d'une frise élégamment sculptée; entre ces pilastres, à droite et à gauche du pavillon, s'ouvrait une petite fenêtre surmontée d'une niche. L'attique était circulaire, et percé de trois fenêtres en arcades. Sur chacun des quatre angles, laissés vides par la courbure de l'attique, s'élevait un campanille orné de sculptures et percé d'une fenêtre. L'attique servait de base à une coupole terminée par une lanterne.

Voilà les Tuileries, les vraies! Voilà le bijou d'architecture, délicat, élégant et fin, tel que les artistes de la renaissance l'avaient ciselé dans la pierre vive! Voilà les Tuileries qu'il nous faut regretter... Mais celles-là, il y a déjà bien longtemps qu'elles n'existent plus!

Ducerceau, l'architecte de Henri IV, fut le premier qui les gâta. Il construisit le pavillon de Flore, une partie de la galerie qui longe le quai, et coiffa d'un dôme massif et lourd le léger pavillon de Philibert Delorme.

De chaque côté du pavillon central, l'architecte de Catherine de Médicis avait imaginé deux portiques, couverts de terrasses du côté des jardins, et surmontés, du côté du Louvre, d'un petit étage en mansardes. Ces portiques aboutissaient à deux corps de bâtiment de deux étages. L'ensemble de la construction était tout à la fois élégant et sévère.

On sait que Henri IV eut le premier l'idée de joindre le Louvre aux Tuileries. Ducerceau, et après lui son successeur Tibault Métézeau, exécutèrent ce travail.

On avait poussé les travaux seulement du côté qui longe la rivière. On ne fit rien de l'autre. Le pavillon, connu si longtemps sous le nom de pavillon de l'Horloge, n'occupait point alors le centre de l'édifice. Il y avait là un manque d'harmonie qui dut choquer l'instinct exact et rectiligne de Louis XIV.

Il fit donc pousser les travaux jusqu'à la limite de ce qui est aujourd'hui la rue de Rivoli. A l'étage en mansardes élevé sur la cour, il substitua un étage ordinaire, qui alourdit singulièrement l'ensemble de la construction. Le roi Louis-Philippe acheva de mutiler la pensée de l'architecte de Catherine, en substituant une file d'appartements aux deux jolies terrasses qui dominaient autrefois le jardin.

Telles qu'elles étaient, sans unité, sans originalité, les Tuileries ne valaient guère que par leur masse. Mais cette masse même ne laissait point que d'être véritablement imposante. C'était, à tout prendre, avec le Louvre auquel Napoléon III les avait unies complètement par les constructions longeant la rue de Rivoli, le plus considérable ensemble de palais qu'il y eût au monde.

C'en était assez pour attirer les torches de la Commune! Peut-être aussi croyait-elle en les détruisant détruire de plus nombreux souvenirs de la royauté. C'est là une erreur que nous avons déjà signalée.

Catherine de Médicis, qui avait fait bâtir les Tuileries, ne les habita jamais, non plus que ses enfants. C'était un *en cas* dont elle ne se servait point. Les Valois aimaient mieux le Louvre, les Tournelles, l'hôtel Saint-Paul, Chambord ou Fontainebleau. Henri IV n'y logea pour ainsi dire qu'en passant.

Louis XIII, cette mélancolie couronnée, préférait Saint-Germain et Versailles (qui n'était encore qu'un désert). Lorsqu'il venait à Paris, c'était au Louvre qu'il résidait.

Louis XIV ne regarda jamais les Tuileries que comme un pied-à-terre, bien qu'il y ait donné quelques fêtes. On y abrita, au temps de la Régence, la minorité de Louis XV enfant. Mais dès qu'il fut le maître de ses actions, ce prince transporta sa cour à Versailles. Versailles fut le véritable centre de la royauté des Bourbons. Quand l'infortuné Louis XVI vint s'établir aux Tuileries, le 5 octobre 1789, la royauté avait déjà reçu le coup dont elle ne devait plus se relever.

Le 1er février 1800, le premier consul prit possession des Tuileries, et l'on peut dire qu'à l'exception de quelques passagers interrègnes, elles ont toujours été, depuis lors, le siége des souverains de la France.

Ce vaste palais contenait tout un monde. Sans parler des appartements des familles régnantes, on y trouvait l'ancienne salle où le Conseil d'État avait tenu ses premières séances; une chapelle dont le plafond représentait l'entrée de Henri IV à Paris; un théâtre élégamment décoré de colonnes ioniques; une des plus belles salles de réception qu'il y eût au monde, connue sous le nom de *Salle des Maréchaux,* ayant vue tout à la fois sur la cour et sur le jardin, et, pendant les fêtes, éclairée par un lustre immense. A peu près à la moitié de sa hauteur, cette salle était entourée d'une balustrade richement ornée. Elle devait son nom aux portraits en pied des maréchaux de France, qui s'y trouvaient réunis en assez grand nombre. On y voyait aussi plusieurs bustes de généraux célèbres. C'était le temple de la royauté militaire!

De la salle des Maréchaux on pénétrait dans la salle des Gardes, décorée de belles grisailles, remarquables par leur effet puissant de trompe-l'œil; puis dans le salon de la Paix, décoré d'un plafond d'assez bon style, où Nicolas Loir avait représenté Apollon, dieu du jour et patron de Louis XIV, au moment où il s'élance du sein de l'onde, et commence à parcourir sa brillante carrière.

La salle du Trône se recommandait aux visiteurs par un ensemble de fort belles tentures sorties de la manufacture des Gobelins, par un lustre célèbre dans le monde entier, et par un plafond de Flemmaël qui montrait la Religion protégeant la France. Hélas! la France a oublié la religion, et la religion aujourd'hui semble abandonner la France.

Bien que moderne, la décoration de la salle du Conseil était d'une richesse, d'un style, d'un goût et d'un sentiment qui rappelaient les plus beaux temps de Louis XIV. Il était difficile de marier plus heureusement la richesse et le goût, et d'arriver plus sûrement à l'harmonie dans l'éclat.

La galerie de Diane, qui faisait suite aux grands appartements et qui s'éclairait sur la cour, nous montrait à ses plafonds des reproductions habilement faites de ces belles fresques de Raphaël qui décorent, à Rome, le joli palais connu sous le nom de la Farnésine.

Ce ne sont point là toutes nos pertes aux Tuileries. Le feu a également dévoré de très-belles boiseries, dont les unes dataient de Louis XIV, et dont les autres remontaient jusqu'à son aïeul Henri IV.

Parmi les peintures anciennes qui, grâce à Dieu, n'étaient pas fort nombreuses aux Tuileries, nous citerons deux toiles de Lebrun : *Apollon et les Muses* et *Louis XIV recevant les échevins de Paris*.

Très-peu d'objets d'art dans les appartements privés du dernier souverain et de sa famille. Cependant d'aimables peintures de Besson et de Chaplin chez l'Impératrice. Quelques jours avant le désastre, nous admirions encore les toiles charmantes de ces deux artistes, qui possèdent à un rare degré le sentiment de la grâce et de l'élégance féminine. Nous sommes les premiers à reconnaître que ces mérites n'étaient point de nature à trouver grâce devant les communeux de Belleville, chargés d'*exécuter* les Tuileries.

Ici comme partout le pétrole avait préparé et facilité la tâche du feu. Cependant cette lourde et solide construction opposait quelque résistance à l'élément destructeur, et il fallut s'y reprendre à plusieurs fois pour consommer la ruine. Un amas de poudre dans le pavillon de l'Horloge ajouta les horreurs de la mine à celles de l'incendie. On brûlait et l'on sautait ! L'explosion fit tressaillir le vieux Louvre.

On sait maintenant que c'est dans la partie centrale du château que le feu a été mis tout d'abord. Il s'est étendu progressivement à droite et à gauche : jusqu'au pavillon de Flore, dernièrement réédifié par M. Lefuel, et dont les combles seuls ont péri dans le sinistre, et jusqu'au pavillon de Marsan, qui, moins heureux, a été complétement anéanti.

Si l'intérieur du palais a été dévoré par les flammes, si son grand dôme central s'est écroulé entre ses murailles, si les coupoles de ses pavillons n'existent plus, les murs du moins sont debout — mais fendus, crevassés en cent places, prêts à tomber, et bons tout au plus à nous faire mesurer l'étendue de la ruine !

XXIX.

Entre tous les monuments sur lesquels s'est exercée la rage des suppôts de la Commune, il en est peu qui aient été plus cruellement maltraités que le pavillon du Louvre contenant la BIBLIOTHÈQUE du même nom.

Considéré en lui-même et au point de vue architectural, on peut dire que ce monument était, comme conception et comme exécution, un des meilleurs morceaux du célèbre Visconti.

Du sol au faîte, il a été littéralement vidé par le feu !

La flamme s'est montrée là particulièrement cruelle. Il y a des endroits où ses effets rappellent ceux d'un bombardement. Aux encadrements des fenêtres, qui semblent pourtant d'une solidité en quelque sorte à toute épreuve, la pierre a éclaté sous la violence de l'incendie. Les quatre cariatides de l'attique sont encore debout, inébranlées sur leur base aérienne. Mais, au milieu de cette désolation et parmi cette ruine de leur entourage, naguère encore grandiose et magnifique, elles ont je ne sais quoi d'effrayant et de sinistre qui saisit jusqu'aux plus indifférents.

Naturellement un peu sévères, ainsi qu'il sied aux muses de l'histoire, elles sont mornes aujourd'hui et semblent maudire les misérables qui ont osé porter sur elles une main scélérate.

La perte de la bibliothèque du Louvre fait dans le monde savant un vide difficile à combler ; et, à certains égards, ce sera là un malheur véritablement irréparable.

A la fois curieuse et précieuse, cette collection, si bien placée au centre même de Paris, ne comprenait pas moins de cent mille volumes. Un certain nombre d'entre eux, et en particulier des livres d'Heures vraiment admirables, avaient appartenu à des rois ou à des princes français, et faisaient partie de la splendide collection offerte, en 1862, au Musée des Souverains par M. Mottley.

La bibliothèque du Louvre a vu également périr

d'intéressantes collections photographiques, d'après des collections publiques ou privées, de nombreux ouvrages auxquels le gouvernement avait souscrit sur les fonds destinés à l'encouragement des Lettres ou des Arts, et la plupart des volumes offerts par leurs auteurs aux maîtres des Tuileries qui, ne pouvant faute de place les garder chez eux, leur avaient assigné ce lieu fort agréable de déportation.

*
* *
*

Quand on sut dans Paris que le feu était aux Tuileries, au Palais-Royal et à cette charmante bibliothèque du Louvre dont nous parlions tout à l'heure, tous ceux qui ont le goût, le respect et le culte du beau tremblèrent de voir s'anéantir ses plus admirables manifestations, avec le MUSÉE qui les contient et que le monde nous envie. De tous les désastres dont Paris était menacé en ces jours de sinistre mémoire, celui-là eût été certes le plus irréparable. On ne refait pas l'œuvre des siècles ! Quelle série de chefs-d'œuvre, depuis les marbres des grands sculpteurs de la Grèce jusqu'aux toiles des artistes français hier encore vivants et parmi nous, et pour lesquels s'ouvrent les portes du Louvre, au moment où pour eux commence la postérité ! L'Espagne et l'Italie, la France et l'Allemagne, la Hollande et les Flandres, représentées ici par des œuvres capitales, n'auraient pas moins perdu que nous-mêmes à ce nouvel acte de vandalisme, que l'on avait, hélas! tant de raisons de redouter. On savait que, sous prétexte de rechercher un souterrain faisant communiquer le Louvre avec les Tuileries, le Champ de Mars et même le fort de Vincennes, — souterrain qui n'a jamais existé,— les délégués de la Commune avaient fait dans les caves du musée des visites bien compromettantes; et l'on se demandait non sans trop de raison s'ils n'avaient point déposé là quelques-unes de ces terribles préparations à l'aide desquelles ils devaient exécuter leurs menaces. Surpris dans leur infernale besogne, les incendiaires des Tuileries n'ont pas brûlé le Louvre!

S'il est vrai que la grande barricade élevée à l'angle du pont Neuf et du quai de la Mégisserie envoya quelques obus sur le noble palais, ces obus ne pénétrèrent point dans les salles qui renferment les collections. La façade a bien reçu d'assez considérables atteintes; quelques balles de chassepot ont brisé les glaces de trois ou quatre vitrines, vides par bonheur depuis le 4 septembre. Il n'y a eu là qu'un dommage absolument matériel et sans importance.

Le drapeau tricolore, hissé un instant sur le pavillon de l'Horloge après l'occupation du palais, avait attiré immédiatement les projectiles des in-

D'après une photographie de Disdéri.

La cour du Palais-Royal.

surgés. Le général commandant, pour éviter la destruction presque certaine des belles cariatides de Sarrasin, ordonna immédiatement d'amener le pavillon, et le feu cessa immédiatement aussi sur ce point. Il était temps! Déjà une des figures couchées sur le fronton était atteinte, et un obus tombé au pied du mât de pavillon avait brisé trois vitrages successifs et donné à ceux qui étaient restés là pour accomplir leur devoir jusqu'au bout, — comme M. Barbet de Jouy par exemple, et M. de Villefosse, — les plus sinistres avertissements.

Le zèle des chefs et des gardiens, secondé par un bonheur que nous n'hésiterons pas à qualifier de providentiel, est parvenu à détourner de nous celui de tous les malheurs que, dans ce cataclysme universel, il fallait peut-être redouter davantage.

XXX.

Le Palais-Royal n'a pas eu le même bonheur, et il a certes beaucoup souffert. Tout ce qui était en bois a été brûlé. Les pierres seules sont restées en place..... mais le feu dévaste ce qu'il ne renverse pas. L'élégante façade à colonnes qui lui sert d'entrée d'honneur sur la place qui porte son nom garde encore assez d'éléments de sa majestueuse ordonnance pour qu'il soit possible de la rétablir dans son intégrité. L'escalier d'honneur, avec sa double rampe d'un mouvement si simple et si gracieux, n'a pas été médiocrement endommagé. Les sculptures de Pajoux ornant les fenêtres des pavillons qui donnent sur la place, et représentant la Justice et la Force, la Prudence et la Libéralité, ont été touchées par les flammes et noircies par la fumée; mais la restauration complète est possible encore. Ce qui, au contraire, doit être considéré comme irrévocablement perdu, ce sont les deux sveltes génies supportant l'horloge du pavillon central. On les considérait comme les vrais modèles de ce genre de sculpture qui mêle l'utile à l'agréable, et qui ornent et servent en même temps. Dans quelques jours il n'en restera plus rien.

Si le Théâtre-Français et la chapelle, restaurée avec goût par la pieuse princesse Clotilde, ont été miraculeusement préservés, l'aile droite, en revanche, a beaucoup souffert. La *Galerie des Proues,* faisant partie des constructions primitives du cardinal de Richelieu, n'a pas échappé à une destruction totale. Il n'en reste plus rien aujourd'hui.

La portion purement marchande et bourgeoise du vaste monument, la grande galerie où Dentu expose chaque matin les nouveautés de la littérature parisienne, les arcades entourant le jardin, et qui furent un moment le centre brillant de l'industrie parisienne, ont été défendues et protégées contre les incendiaires. Le bazar a été plus heureux que le palais!

Ce n'est point la première fois que le Palais-Royal voit le feu. Trois incendies y avaient éclaté déjà. Les deux premiers consumèrent les deux théâtres successivement élevés sur l'emplacement occupé aujourd'hui par la cour des Fontaines. Plus tard, un cirque, établi au milieu du jardin, faillit consumer la demeure des ducs d'Orléans.

En 1848, la population parisienne, dans un de ces moments de stupidité brutale où rien n'arrête ses passions follement déchaînées, arracha des appartements qu'avait habités jadis le duc d'Orléans les tableaux, les livres et les meubles. Tout fut bientôt empilé dans les cours et livré aux flammes. Le palais du moins fut respecté. Mais aujourd'hui la civilisation a fait des progrès dans nos faubourgs. Nous brûlons tout! nous allumons l'immeuble avec les meubles [1] !

---

[1] A la suite de ces sinistres événements, l'autorité militaire a fait la précieuse arrestation d'un individu dont l'interrogatoire a fourni d'intéressantes indications sur les ravages causés par l'insurrection.

Cet individu est un nommé Arthur D..., ex-lieutenant, puis capitaine au 156e bataillon fédéré de la garde nationale.

Promu au grade de chef de la 15e légion dans les premiers jours du gouvernement de la Commune, le sieur D... fut bientôt arrêté sous l'inculpation d'un vol de dix mille francs à la caisse du 7e secteur.

Après quarante heures d'emprisonnement à la prison du Cherche-Midi, il fut établi que le véritable voleur était un nommé Castioni.

Arthur D..., mis en liberté, déclara qu'il voulait renoncer

* * * *

Les propriétés particulières qui avoisinent les Tuileries et le Louvre, le grand magasin de nouveautés et l'hôtel, connus sous le nom de Magasins

aux honneurs militaires et donna, mais en vain, sa démission d'officier supérieur.

Pendant la nuit du dimanche 21 au lundi 22, D... était couché au Palais-Royal en compagnie du colonel Boursier, lorsque, vers une heure du matin, un officier de marine les fit demander et leur remit un ordre ainsi conçu :

Faites évacuer le Palais-Royal, brûlez-le et repliez-vous sur l'hôtel de ville.

EUDES.

Le cachet de la Commune manquant à cet ordre, Boursier ne crut pas devoir l'exécuter.

Le Palais-Royal fut incendié peu après par le nommé Isnard, colonel d'état-major de la première légion.

Il résulte encore des renseignements fournis par Arthur D... que l'ordre de brûler le faubourg Saint-Germain, donné par Delescluze, aurait été exécuté par un sieur Lepays, ex-adjudant au 82e bataillon.

C'est au colonel Sylvestre que l'ordre d'exécuter les otages aurait été donné. Cette épouvantable mission aurait été exécutée par le nommé Parent.

D... déclare, en outre, avoir été dépositaire d'un vol considérable commis chez le curé de l'église de Grenelle par le commissaire de police de la Commune.

Le produit de ce vol se composait d'une caisse contenant des valeurs diverses représentant une somme d'environ quarante mille francs.

et d'Hôtel du Louvre, eurent aussi leur journée de périls et d'angoisses.

Le lundi 21, les vengeurs de Flourens, les tirailleurs de Belleville et le 159e bataillon sédentaire, composé en grande partie des bons citoyens de Charonne, vinrent s'établir à l'hôtel du Louvre, où ils furent remplacés successivement par le 13e et le 88e, dont le commandant procéda méthodiquement, par réquisitions forcées de victuailles, au pillage du quartier. Depuis quelque temps déjà la Commune, qui n'avait pas sur le tien et le mien des notions bien exactes, avait exproprié le grand salon de l'hôtel pour y loger magnifiquement le citoyen Gaillard père, cordonnier démocrate et directeur général des barricades.

Le soir de la même journée, une bande de brigands, sous la livrée des fédérés, vint réquisitionner dans les magasins du Louvre. Le lendemain, on enlevait par centaines les coupons d'étoffe.... sous prétexte de renforcer les barricades. On habillait les pavés avec du velours et de la soie.

Pendant ce temps, le citoyen Napias-Piquet procédait à l'incendie du premier arrondissement, faisait mettre le feu à la bibliothèque du Louvre et aux maisons de la rue de Rivoli, activant à coups de canne l'œuvre sinistre des malfaiteurs qui travaillaient sous ses ordres, répétant à haute voix qu'il ne devait point rester pierre sur pierre dans ce quartier d'aristocrates, et faisant jeter çà et là, dans les maisons abandonnées par leurs malheureux habitants, des boîtes remplies de bombes incendiaires.

L'arrivée opportune de la troupe l'interrompit dans son abominable besogne. Il fut passé par les armes sur le théâtre même de ses exploits. On trouva dans sa poche la carte de son déjeuner. Ce sauveur de peuple, cet ennemi des riches, ce défenseur du prolétaire et de l'ouvrier, avait dépensé cinquante-sept francs pour son repas du matin! Et voilà pour quelles gens tant d'imbéciles se font tuer! Quand donc cette foule insensée, que l'on égare si aisément, aura-t-elle des yeux pour voir et des oreilles pour entendre?

XXXI.

Quand on quitte la place du Carrousel et que l'on se dirige vers le faubourg Saint-Germain, au moment où l'on franchit le vomitoire grandiose construit par Le Fuel, et qui donne accès sur le quai, on est saisi et affligé par le spectacle navrant qui s'offre tout à coup aux regards. Depuis l'entrée de la rue du Bac jusqu'à la caserne du quai d'Orsay, toute la rive gauche de la Seine n'est qu'une longue et lamentable suite de ruines.

Celle du PALAIS DE LA LÉGION D'HONNEUR est peut-être une des plus attristantes, parce que ce joli mo-

D'après une photographie de Block.

Les Palais de la Légion d'honneur et du Conseil d'État après l'incendie.

nument qui rappelait à l'esprit des idées de grandeur et de noblesse, de même qu'il offrait aux yeux une image de grâce exquise, fait naître, par le contraste du passé avec l'état présent, toutes sortes d'impressions lugubres.

L'aimable édifice où l'on avait établi la chancellerie de la Légion d'honneur contribuait le plus heureusement du monde, par sa façade d'une rare élégance, à la décoration de cette portion privilégiée du faubourg Saint-Germain, qui n'est, à vrai dire, qu'une succession pittoresque de palais et d'hôtels entremêlés de jardins, séjours de l'opulence, qui devaient provoquer la torche des incendiaires et la main des voleurs.

Spécimen tout à fait réussi de l'art ingénieux et recherché du dix-huitième siècle, le palais connu sous le nom de palais de la Légion d'honneur fut bâti pour un riche étranger, le prince de Salm-Kirburg, en 1786. Il eut pour architecte Rousseau, fort à la mode en ce temps-là.

Comme la plupart des hôtels et des palais qui l'avoisinent, il avait son entrée principale sur la rue de Lille. Sa porte avait la forme d'un arc de triomphe, flanqué de chaque côté par une colonnade d'ordre ionique, qui allait rejoindre des corps de bâtiments avancés, dont le principal était parallèle à la porte. Cette colonnade se réunissait dans l'intérieur de la cour, de manière à former un joli promenoir couvert et continu ; aboutissant à un frontispice à colonnes d'ordre corinthien, donnant entrée dans le vestibule. Rien de plus joli que la façade dominant la rivière. La ligne droite de la construction était interrompue par un avant-corps demi-circulaire, décoré de colonnes corinthiennes. Au-dessus de la rotonde s'élevait une galerie surmontée de statues d'un effet décoratif très-saisissant. Des médaillons en bas-relief, encastrés dans les murs, représentaient des scènes pastorales jouées par des enfants, avec des animaux pour comparses. La Grande Chancellerie de la Légion d'honneur était établie depuis 1803 dans l'hôtel du prince de Salm-Kirburg. Mme de Staël l'avait habité un moment sous le Directoire.

Sous la Commune, la Grande Chancellerie fut le quartier général du citoyen Eudes, un assassin que la révolution du 4 septembre avait trouvé dans les prisons, et qu'elle mit en liberté.

On y fit ripaille, et la citoyenne Eudes s'y montra bonne fille.

C'est à la Grande Chancellerie qu'on apporta la garde-robe ainsi que les effets mobiliers enlevés à l'hôtel du marquis de Galiffet. C'est là aussi que l'on avait amené ses équipages. Inutile de dire qu'on les y pilla. On pilla également l'argenterie de la maison de la Légion d'honneur de Saint-Denis, apportée à la Grande Chancellerie au moment du siége, quand on voulut la soustraire à l'avidité des Prussiens. Les communeux ne l'ont pas épargnée. Nos plus cruels ennemis n'auraient pu faire pis.

Les incendiaires, après avoir enduit le palais de pétrole, mirent le feu aux quatre coins, malgré l'énergique résistance du concierge, Hamel, qui fut du reste enlevé de sa loge et jeté en prison.

Les dommages sont grands : il ne reste plus rien de ces jolies décorations en stuc et en bois des îles qu'admiraient tous les connaisseurs; rien de ces peintures exquises dues au pinceau des artistes les plus aimés de la seconde moitié du dernier siècle. Le petit palais est à ciel ouvert, sa toiture est dévorée ou effondrée.

Les grandes lignes de la façade du quai subsistent en partie, et il ne serait pas impossible de les rétablir. Les statues sont toujours debout, se profilant tristement sur ce fond de ruines. La flamme a jauni les jolis médaillons dont nous parlions tout à l'heure, et, par places, le pétrole les a comme teintés d'une buée d'un bleu sombre, mais, toutefois, sans porter un trop grand dommage aux sculptures elles-mêmes.

*
* *
*

De l'autre côté de la rue de Lille se trouvaient les ARCHIVES DE LA GRANDE CHANCELLERIE, presque en face du palais même. C'était un grand bâtiment sévère, et sans autre prétention que de garder ce qu'on lui confiait. Aujourd'hui, hélas! il ne garde plus que des cendres. Contenant et contenu, tout a été brûlé.

Le lendemain du jour de ce désastre, il y avait là un chaos de décombres encore suspendus, menaçant ruine, et affectant des formes étranges qui produisaient les effets les plus inattendus et les plus saisissants.

Des innombrables et glorieux documents qui remplissaient l'édifice, il ne reste plus aujourd'hui les moindres vestiges. Tout a été brûlé, brûlé sans relâche et sans bruit, — comme dans un étouffoir dont on aurait fermé la porte; — papiers et parchemins n'ont laissé qu'une poudre impalpable et légère. La Commune est restée ici, comme partout, dans l'atroce logique de ses principes. Elle avait annoncé qu'elle supprimerait la Légion d'honneur : pourquoi donc aurait-elle hésité devant l'anéantissement de ses annales et de ses documents? Se distinguer par son courage, par son talent, par son dévouement, par un mérite quelconque, — n'est-ce pas un attentat impardonnable contre cette égalité dans la bassesse et le néant qui doit être l'idéal de la société nouvelle que l'on nous promet[1]?

---

[1] Une somme qui ne doit pas dépasser un million a été reconnue nécessaire pour reconstruire sur les mêmes plans ce gracieux palais, admiré des artistes, seul spécimen du genre à

XXXII.

Commencé sous l'Empire, et achevé seulement sous Louis-Philippe, le Palais du quai d'Orsay avait d'abord été destiné au Roi de Rome, puis au Mi-

Paris, et dans lequel, depuis bientôt un siècle, toutes nos gloires nationales étaient représentées.

En présence des désastres qui affligent notre malheureux pays, il n'est pas possible de demander un crédit de pareille somme au budget; mais les soixante-cinq mille membres de cette grande famille qui s'appelle la Légion d'honneur ne voudront pas laisser périr le berceau de leur institution. Au moyen d'une souscription volontaire, dont le grand chancelier n'hésite pas à prendre l'initiative, ils arriveront facilement, sans imposer aucune charge à l'État, à relever cette maison, qui est la leur, qui est celle de leurs enfants.

La presse tout entière s'associera à cette œuvre réparatrice en lui fournissant les moyens de publicité les plus étendus. Les caisses publiques seront ouvertes à tous les souscripteurs. A Paris, la caisse des dépôts et consignations; dans les départements, les caisses des trésoriers-payeurs généraux, des receveurs particuliers, des percepteurs; les bons sur la poste adressés à la grande chancellerie, des retenues facultatives consenties au moment où se touchent les traitements, des délégations volontaires, seront autant de moyens de faire parvenir rapidement les offrandes à leur destination.

Les noms des souscripteurs, publiés dans le *Journal officiel*, seront inscrits en outre sur un livre d'or qui formera le premier et le plus précieux élément des nouvelles matricules de la Légion d'honneur, et bientôt, sur le fronton de ce palais, rendu aux légionnaires et aux arts, grâce au concours de tous, nous verrons renaître notre immortelle devise qui garantit le succès de la souscription :

Honneur et patrie.

nistère des Affaires étrangères. La Restauration avait eu l'idée d'y placer les expositions de l'Industrie. On sait qu'en ces derniers temps il logeait le conseil d'État et la Cour des comptes. C'était une imposante et somptueuse construction, qui faisait bonne figure sur la rive gauche, qu'elle dominait de sa masse imposante. Outre son entrée principale sur la rue de Lille, il y en avait deux autres sur les faces latérales; la grande façade du bord de l'eau n'en avait pas, elle était formée de deux ordres superposés, l'un toscan, l'autre ionique : un attique les surmontait.

Le palais se composait de quatre corps de bâtiments entourant une grande cour carrée. Cette cour, autour de laquelle circulait une double série d'arcades italiennes et de galeries, était vraiment d'un bel aspect. Les frises étaient ornées de plaques de marbre de diverses couleurs, essai timide de polychromie, qui n'avait certes pas mal réussi. A chaque angle un bel escalier de pierre conduisait à l'étage supérieur. L'escalier d'honneur, situé dans l'aile gauche, avait été décoré de remarquables compositions par Théodore Chassériaux : la plus belle représentait la *Paix,* et se distinguait par la noblesse du style. A l'exception de cet escalier, tout l'intérieur de la Cour des comptes a été brûlé; mais les murs épais sont restés debout.

Les ravages sont surtout effrayants dans la portion du palais affectée aux services divers du conseil d'État. Sa grande salle, d'une décoration quelque peu sombre et lourde, mais riche et imposante, cependant, est entièrement consumée, et, avec elle, les beaux portraits historiques de Sully, de Colbert, de Vauban, de Richelieu, de Turgot, de Suger, de Portalis et de Cambacérès. Nous regrettons davantage encore une grande toile de Paul Delaroche dans la salle de la législation, et dans la salle du contentieux un des plus beaux tableaux d'Eugène Delacroix, représentant l'empereur Justinien, auteur des *Institutes,* docte ennui de notre jeunesse.

Nulle part, peut-être, les fédérés n'ont déployé une rage plus féroce! On les voyait puiser à plein seau dans des tonnes de pétrole emmagasinées depuis quelque temps dans la grande cour. Ils inondaient les murailles, les escaliers et les parquets.

Après avoir abrité quelque temps le citoyen Peyrouton, délégué au conseil d'État, et son secrétaire Pelletier, le palais d'Orsay, au moment de l'entrée des troupes à Paris, fut occupé militairement par les assassins Eudes et Mégy, qui venaient de *se replier* précipitamment de la Légion d'Honneur, avec leurs hommes.

Pour accomplir plus sûrement et plus méthodiquement leur tâche odieuse, ils s'étaient divisés en six escouades, qui travaillèrent sans relâche et avec le triste succès que l'on sait.

Mais, comme si leur œuvre de destruction

n'avait pas été suffisante encore, ils mirent aussi le feu à la maison de la rue de Lille portant le numéro 85, et où se trouvaient déposées toutes les archives de la Cour des comptes, — c'est-à-dire toute la comptabilité française depuis le premier Empire. Tout le monde comprendra qu'une pareille perte est vraiment irréparable. C'est ce que l'on voulait... Ici le but sinistre est atteint!

N'oublions pas un détail étrange, et dont Paris ne comprit pas tout d'abord la signification. Au moment où le feu qui dévorait les archives atteignit son *maximum* de violence, un grand vent s'éleva. Alors, par les toits effondrés, par les fenêtres qui se brisaient en éclats, on vit s'échapper, s'envoler par milliers, toutes ces *pièces* que les comptables enveloppent sous leurs *chemises*, empilent dans leurs cartons, entassent dans leurs casiers. Plus légers que l'air, ces papiers de toutes formes, comme un tourbillon, montèrent au-dessus du monument en flammes, tournoyèrent un moment dans le ciel, puis, comme une nuée de papillons noirs, redescendirent sur Paris, s'abattant sur les balcons, entrant dans les appartements étonnés, jonchant les rues. Nous avons recueilli, pour notre part, deux lignes d'un rapport sur un emprunt de la ville de Caen, signé *Saleb de Chastanet*... Un certain nombre de ces feuilles aventureuses, jaunies, à demi consumées, sont allées achever de mourir à plus de trente lieues de Paris... Il en est arrivé un essaim en Normandie. Un jardin d'Évreux en a été couvert.

Plusieurs membres de la Cour des comptes et du conseil d'État avaient cru pouvoir, en toute sécurité, déposer dans le palais des objets précieux qu'ils eussent craint de compromettre en les laissant dans leurs demeures particulières, toujours menacées de pillage. Cet excès de prudence leur a été funeste. C'est ainsi que M. de Bonnechose, le fils de l'éminent historien de l'Angleterre, a perdu dans l'incendie un dépôt de titres au porteur de plus de huit cent mille francs, et M. Émile Taigny, homme de goût, classé parmi les amateurs parisiens, une remarquable collection d'objets d'art : tableaux de famille rappelant de chers souvenirs, aquarelles élégantes dont lui-même était l'auteur, bronzes et jades chinois, objet d'une longue et patiente recherche. Dans ces criminels attentats des plus féroces bandits dont l'histoire gardera le nom, les calamités publiques se compliquent toujours des malheurs privés. En pleurant sur le deuil de tous, chacun, hélas! peut pleurer sur soi-même!

*
* *
*

Quand on brûle les palais de la nation, on n'a guère sujet d'épargner les maisons des particuliers. Sous une forme ou sous une autre, c'est toujours le même but que l'on poursuit. Le but de la Commune et de l'Internationale, c'était la destruction universelle. Les incendies du palais de la Légion d'honneur et du palais d'Orsay avaient mis en goût les bandes obéissantes des Assi, des Mégy, des Eudes et des Urbain. Elles se répandirent dans la RUE DE LILLE, où bientôt l'on entendit s'écrouler le vaste et bel hôtel du marquis de Villeneuve-Bargemont, qui occupait dans cette rue le numéro 63, au coin de la rue de Poitiers, célèbre aux derniers jours de la seconde République. Les quatre maisons suivantes, portant les numéros 65, 67 et 69, ne sont plus aujourd'hui qu'un amas de ruines!

Le lundi, jour de l'entrée des troupes dans Paris, le concierge du numéro 81, appartenant au comte de Chabrol, avait été fusillé par les hommes de l'assassin Mégy, parce qu'il s'efforça de les empêcher d'enduire de pétrole les murs confiés à sa garde.

Dans cette même rue de Lille, si affreusement maltraitée par les délégués de l'Hôtel de Ville, s'élevait, au numéro 56, une somptueuse et aristocratique demeure. On pouvait la regarder comme un spécimen de ces beaux hôtels du vieux faubourg Saint-Germain, incorruptibles témoins d'un passé qui n'est plus; c'était un monument à la fois historique et artistique, et qui, à ce double titre, aurait été épargné par tout autre ennemi que les ennemis mêmes de l'ordre social tout entier.

Dans le noble faubourg, cet hôtel était connu

sous le nom d'Hôtel de Praslin. Il avait été bâti en 1721, sur les dessins de Bruant, pour le petit-fils du surintendant Fouquet, le célèbre et vaillant maréchal de Belle-Isle. Tant du côté de la rue de Lille que du côté de la rivière, il contenait un nombre considérable de luxueux appartements. On avait beaucoup admiré jadis la belle terrasse, toujours fleurie, qui dominait le quai d'Orsay, et reposait agréablement le regard, au milieu de cette longue suite de palais. Cette grande décoration architecturale avait cédé devant des considérations plus purement utilitaires..., on l'avait remplacée par des bureaux. C'était moins beau! Les balcons en saillie, les balustrades élégantes, les grands vases au-dessus des combles, tout cela subsistait hier encore. — Aujourd'hui, tout cela n'est plus. L'art décoratif regrettera surtout de belles boiseries sculptées, dues aux plus fins ouvriers du dix-huitième siècle.

A l'époque du Consulat, l'hôtel Praslin fut habité par le premier des Demidoff qui soit venu en France, et qui se fit connaître également par les bizarreries de son caractère et l'inépuisable générosité de son cœur. Ce fut pour lui qu'on inventa, je crois, le surnom de *bourru bienfaisant*.

*
* *
*

La Caisse des dépôts et consignations, établissement public où l'on dépose, sous la garantie de l'État, les fonds disponibles qu'il importe de mettre en sûreté, en attendant qu'ils reçoivent leur destination naturelle, avait établi son siége à l'hôtel Praslin. Les dépôts judiciaires, les dépôts volontaires, les dépôts des caisses d'épargne, les fonds destinés à l'amortissement de la dette publique, constituaient dans ses caisses un capital considérable, entretenu par un roulement perpétuel, et dont l'État dispose moyennant un intérêt assez faible.

La Caisse des dépôts et consignations a brûlé tout entière, et l'on put voir, dès le premier moment, qu'il serait impossible de lui porter secours.

On n'essaya donc point, et l'on se borna à défendre la CASERNE DU QUAI D'ORSAY. Là, du moins, on est parvenu à circonscrire le fléau : il n'a pas franchi l'intérieur, où il s'était déclaré. On l'a concentré dans son berceau même, et on a pu l'y étouffer. Deux régiments de cavalerie y logent aujourd'hui. La caserne du quai d'Orsay s'appelait au dix-huitième siècle l'hôtel d'Egmont : cet hôtel n'avait pas encore les deux ailes qui doublent maintenant son étendue primitive.

En 1740, il fut affecté aux voitures de la cour et porta le nom d'*hôtel des cochers*. En 1795, on y caserna ce que l'on appelait alors la légion de police. En 1800, on y ajouta les deux ailes qui l'ont complété : on lui donna le nom de *quartier Bonaparte*, et on y logea deux régiments de la garde consulaire. En 1814, les gardes du corps de Louis XVIII en prirent possession à leur tour. Depuis 1830, on y a presque toujours caserné un ou deux régiments de cavalerie légère. La caserne du quai d'Orsay conservera longtemps encore cette destination, malgré la bonne volonté de la Commune.

Cette infortunée rue de Lille a été le théâtre de scènes vraiment horribles. Le matin même du jour qui, pour elle, devait être le dernier, un commandant des fédérés l'avait parcourue dans toute sa longueur, en répétant sans cesse à ses hommes :

— Vous entendez! Que tout soit fait comme j'ai dit : n'épargnez rien; le feu partout!

Et partout, en effet, le pétrole ruisselait, et le feu dévorait!

Des scélérats, que les fédérés appelaient des francs-tireurs et des enfants-perdus, éventraient à coups de crosse de fusil les devantures des boutiques, dans lesquelles ils jetaient des étoupes enflammées, ou des compositions incendiaires qui produisaient les plus affreux ravages; d'autres badigeonnaient avec des pinceaux trempés dans le pétrole les volets, les portes et toutes les boiseries des maisons, puis ils y mettaient le feu avec leurs torches. Des femmes et des hommes que l'on ne connaissait point dans le quartier parurent à la suite des fédérés, et profitant du désarroi des malheureux qui s'échappaient de leurs maisons en flammes, ajoutèrent le pillage à l'incendie — deux fléaux pour un! Des pompiers, casque en tête, excitaient les foyers réfractaires ou trop lents. Les enfants-perdus de l'incendie, dont je parlais tout à l'heure, portaient le petit chapeau des francs-tireurs, avec une plume rouge. Ils n'étaient nullement pris de boisson, comme on l'a bien voulu dire, et ils *travaillaient* méthodiquement et avec ordre. Personne n'ignorait dans le quartier qu'ils avaient touché une haute paye, variant de trente à cinquante francs. On a trouvé sur ceux d'entre eux qui ont été faits prisonniers une petite carte de police avec ces mots imprimés en tête :

Carte d'identité et de sûreté!

De temps en temps des groupes sinistres passaient dans la rue en criant : Fermez vos fenêtres et allez-vous-en, tout brûle, tout brûle!!!

Au vol et à l'incendie déchaînés on voulait ajouter la terreur — qui paralyserait les secours. Les communeux ne sont pas scélérats à demi.

XXXIII.

Si quelque chose surpasse les atrocités commises rue de Lille, ce sont les horreurs dont, presque en même temps, la RUE DU BAC était l'objet.

Deux jours après que ses courageux sauveteurs se furent rendus maîtres du fléau, on ne pouvait

D'après une photographie de Franck.

Maisons incendiées rue du Bac et rue de Lille.

Page 164.

point encore pénétrer dans cette malheureuse rue en débouchant du quai, tant les ruines encombraient la voie. On se sentait saisi à la gorge par une odeur âcre et malsaine de soufre et de matières calcaires encore chaudes, qui empoisonnait l'air. Deux membres de la Commune, les citoyens Eudes et Mégy, dont l'histoire se trouve dans les dossiers judiciaires du greffe criminel, s'étaient chargés de diriger eux-mêmes la destruction de ce petit coin aristocratique par excellence du grand faubourg Saint-Germain. Leurs travailleurs avaient fait les choses en conscience : on eût dit que tout le pétrole de Paris coulait dans ce fameux ruisseau de la rue du Bac, si cher autrefois à madame de Staël, et si regretté de son exil. On n'avait qu'à se baisser pour en prendre ! Aussi on le jetait à flots dans les allées, on en arrosait les façades des maisons, et avec le reste on inondait les caves. Le feu a été mis là avec tant de soin, et à tant d'endroits en même temps, que l'on dut bientôt désespérer de pouvoir s'en rendre maître. Cependant, les pompiers de Saint-Cloud, ceux de la Seine-Inférieure, luttant d'énergie avec des compagnies du génie et les soldats du 75e de ligne, ont fait des efforts véritablement surhumains. Trois pompiers de Sotteville, près de Rouen, ont même payé leur zèle de leur vie.

Marchons avec précaution à travers ces ruines encore chaudes !

Le café d'Orsay, portant le numéro 2 de la rue,

a été fort heureusement épargné. On ne saurait dire pourquoi ni comment. Mais, presque en face, les numéros 3 et 7 sont entièrement détruits. L'éloquence du concierge de la maison portant le numéro 5 a pu faire tomber la torche des mains des incendiaires. Les numéros 11 et 13 sont brûlés en totalité, et l'on dirait que la façade du numéro 9 a été enlevée à l'emporte-pièce, pour permettre au regard de mieux pénétrer dans son intérieur surpris. Le commencement de la rue Royale Saint-Honoré peut seul nous offrir un spectacle aussi lugubre. Si l'on remonte la rue vers les hauteurs du faubourg, on trouve encore un assez grand nombre d'édifices fortement attaqués, sans pourtant que la perte aille jusqu'au dommage irréparable. C'est ainsi que la maison de blanc qui porte le numéro 56 a reçu un grand nombre de projectiles, et a failli brûler; le magasin de la FILEUSE est resté debout sous une grêle de balles. Le magasin du Bon marché n'a pas été touché. Mais le PETIT SAINT-THOMAS, qui avait excité de nombreuses convoitises, et dont les fédérés qui incendiaient la rue de Lille annonçaient déjà la perte, a vu le feu de près ; — il a pu, toutefois, échapper au sort qui le menaçait. Des fédérés s'étaient postés sur la terrasse qui le surmonte, pour, de là, tirer sur la ligne ; ils avaient fait du rez-de-chaussée un véritable dépôt de matières dangereuses; ils avaient rempli la cour de caisses de cartouches et de bombes à pétrole, et vidé dans l'égout des tonneaux entiers de ce dangereux liquide. Presque en même temps, le gaz faisait explosion chez le coiffeur, dont le mur est mitoyen avec le magasin. Il y avait là de quoi périr vingt fois!... Et le Petit Saint-Thomas est debout, préservé, intact, un vrai miracle! Voilà un Saint Thomas qui n'a plus le droit d'être incrédule comme son patron.

Ajoutons, car il faut louer le courage partout où on le rencontre, que le personnel de l'établissement a résisté aux menaces et à la pression des fédérés, qui leur donnaient l'ordre de partir, pour piller plus à l'aise! Hommes et femmes, chacun est resté à son poste jusqu'à la dernière minute — je veux dire jusqu'à la retraite des insurgés; — après quoi ces braves jeunes gens, ces courageuses jeunes filles sont allés, sous les balles qui sifflaient autour d'eux, porter secours à leurs voisins qui brûlaient encore.

La rue du Bac n'oubliera point que si, au milieu de tant de calamités, et malgré la haine féroce qui semblait comme à plaisir s'acharner sur elle, elle a été sauvée d'une entière destruction, c'est à l'intrépidité, à la bravoure et à l'intelligence du 75e de ligne qu'elle le doit. Le commandant de ce brave régiment, du moment où il eut pris possession des barricades de cette malheureuse rue, sut mener de front l'attaque des insurgés et le sauvetage des maisons. Il a fait merveille.

XXXIV.

Il entrait dans le programme de l'insurrection vaincue de détruire tous les ministères.

La marche rapide de l'armée, maîtresse de la rive gauche, a pu seule les sauver, et sauver avec eux les précieuses collections et les documents de toutes sortes qu'ils renferment. Quelques heures de retard, et la destruction commencée eût été complète, car pour atteindre un but qui semblait si désirable, les agents de la Commune avaient eu recours aux plus terribles moyens. Sous les péristyles, dans les caves, et jusque dans les bâtiments qui les environnent, on a trouvé de grandes caisses pleines de rondelles de sciure de bois, mélangée d'une préparation chimique dont le secret n'est pas encore connu, mais dont l'effet est terrible. Ces perfides engins étaient enveloppés de toile imbibée de pétrole, et ils étaient préparés de façon à produire en même temps l'explosion et l'incendie.

* *
*
* *

Ce n'est point par l'incendie, mais par l'explosion, qu'ont été ravagées les rues Vavin, Notre-Dame des Champs et Bréa.

D'après une photographie de Mignon.

Maisons incendiées à la Croix-Rouge.

Les fédérés qui n'avaient point de pétrole à leur disposition y suppléaient à l'aide de la poudre — qu'ils n'ont pas inventée, mais dont ils savent se servir. — Malgré les habitants terrifiés, ils en faisaient d'énormes amas, qu'ils unissaient entre eux par une traînée; puis, à coups de baïonnette, et au besoin à l'aide de la fusillade, ils contraignaient ces malheureux à rentrer dans les maisons, où les attendait une mort aussi horrible que certaine. Ce fut un sergent-fourrier du 60e fédéré qui mit le feu à la première traînée de poudre : — ici, on le voit, la destruction avait des allures d'une simplicité primitive. Ses effets n'en ont pas été moins terribles, et l'aspect des rues Bréa, Vavin et Notre-Dame des Champs a quelque chose de véritablement sinistre.

XXXV.

L'explosion par la poudre semble avoir été à la mode dans la partie méridionale du faubourg Saint-Germain.

C'est ainsi que, le mercredi 24, les fédérés, avertis de l'approche de l'armée de Versailles, mirent le feu à la poudrière installée dans la partie du jardin du Luxembourg séparée du reste depuis les grands travaux de l'ingénieur Haussmann, et connue sous le nom de la *Pépinière*.

Deux jours plus tôt, le désastre eût pris des proportions effrayantes. Mais, par bonheur, la plus grande partie des munitions avait été évacuée sur d'autres points, et, au moment où ce nouvel attentat fut consommé, il ne restait plus à la Pépinière que quelques tonneaux de poudre. Ce n'est pas, en vérité, la faute de ces messieurs s'ils n'ont pas fait mieux. Le quartier n'en a pas moins été ébranlé, comme il l'eût été par le plus terrible tremblement de terre. A un demi-kilomètre de distance, il n'est pas resté une vitre aux fenêtres ; un grand nombre de personnes ont été renversées, les persiennes enlevées, les portes arrachées de leurs gonds. Les malades sont morts de saisissement dans leur lit ; plusieurs femmes sont devenues folles, et des amputés ont vu se rouvrir leurs artères à demi cicatrisées, et ont expiré à la suite d'hémorrhagies qu'aucun chirurgien n'a eu le pouvoir d'arrêter. Je n'ai pas besoin d'ajouter que les baraquements d'ambulance ont été absolument détruits, et que les pauvres arbres de la Pépinière ne serviront plus aux expérimentations des professeurs de botanique. Ils sont réduits à l'état d'allumettes ; un jour ou l'autre ils retourneront au feu !

*
* *
*

L'École des Mines n'a pas été incendiée, comme

on l'avait dit. Mais elle a payé cher son compromettant voisinage. Elle a en effet beaucoup souffert de l'explosion. La vibration si violente de l'atmosphère a brisé toutes ses vitres, et un assez grand nombre de pièces de ses collections ont été bouleversées dans leurs casiers. Les dégâts matériels sont faciles à réparer; les collections elles-mêmes sont intactes.

Plus d'une fois, sous le règne de la Commune, l'École des Mines avait été sauvée de l'incendie par le dévouement, le courage froid et la présence d'esprit d'un de ses principaux employés, M. Burier, resté à Paris sur l'ordre du ministre de l'instruction publique. Là, comme partout, l'hôtel de ville avait voulu installer ses agents, dont la présence était si fatale à tous les établissements publics et privés qui avaient l'ennui de les recevoir. M. Burier obtint que l'on n'y installerait qu'un poste de vingt fédérés appartenant aux compagnies sédentaires, et il parvint à les contenir dans le devoir jusqu'au dernier jour. Les insurgés, en s'en allant, eussent bien voulu incendier les bâtiments, — ne fût-ce que par respect pour la tradition. Le temps leur manqua. Ils menacèrent de revenir : on ne les attend plus.

14.

XXXVI.

L'Internationale, ce champignon vénéneux qui a mis plus d'une nuit à pousser, n'avait pas le goût des antiquités : elle les méprisait et les haïssait.

Il n'est donc pas étonnant qu'elle eût voué à la destruction le musée de Cluny, avec la collection sans rivale qu'il renferme, et tous les souvenirs du monde romain et gallo-romain qui l'entourent. Que peuvent faire les souvenirs du passé à ces hommes qui n'ont point de racines dans l'histoire?

C'est le THÉATRE DE CLUNY que l'on avait choisi comme brûlot pour allumer le reste du quartier. Au moment où l'on entendit les premiers coups de la fusillade crépiter sur le boulevard Saint-Germain, un citoyen qui se disait délégué du COMITÉ INCENDIAIRE, — car la Commune a senti le besoin d'ajouter un comité incendiaire au comité central, au comité de salut public, et à tous les autres comités dont elle a gratifié Paris, — se présenta aux portes du théâtre. Il était suivi d'une dizaine d'aides, ses serviteurs et ses auxiliaires, et guidé par un ancien garçon machiniste de la scène. Cette poignée de misérables renversa le concierge, le foula aux pieds, et menaça de le fusiller s'il s'opposait davantage à l'exécution de leur projet. Ils entrèrent ainsi, et, toujours assistés du garçon machiniste, qui a joué un odieux rôle de traître dans ce drame lugubre, le délégué et ses complices pénétrèrent dans la salle, entassèrent sur la scène les décors du magasin, amoncelèrent les chaises des loges dans l'orchestre, versèrent le pétrole partout, disposèrent aux bons endroits de grandes quantités de poudre, remplirent de matières inflammables le petit escalier de la scène, et, après l'avoir allumé, se retirèrent en toute hâte pour aller exécuter à l'Odéon, ce théâtre de la jeunesse, les ordres du comité incendiaire, qui n'aime sans doute ni le théâtre ni la jeunesse !

L'arrivée singulièrement opportune des troupes régulières permit, pendant qu'il en était temps encore, de s'opposer victorieusement à l'exécution de ce plan infernal. L'incendie fut éteint avant que le feu eût gagné les poudres; un quart d'heure de retard peut-être, et tout ce riche et beau quartier, victime d'une odieuse machination, était réduit en cendres.

Notons en passant qu'ici encore les fédérés, avec leur méchanceté habituelle, avaient eu soin de mettre les pompes hors d'état de servir. Il ne leur convenait point qu'on pût entraver la marche du fléau déchaîné par eux. Une fois encore leur prévision cruelle a été déjouée par un *hasard* dont il faut peut-être remercier la Providence.

Les gens naïfs pourraient être tentés de croire que son titre d'ambulance, et les services que de tout temps il a rendus à la population civile et militaire, devaient préserver l'Hôpital du Val de Grace des persécutions et des tracasseries de la Commune.

Ce serait méconnaître la Commune!

Perquisitions, réquisitions, vols à main armée, arrestations arbitraires, rien ne manqua au martyre de ses employés, restés fidèles au gouvernement national.

Un détachement du 61e fédéré était venu occuper la cour, avec la mission de confiance de fusiller tout le personnel au moment opportun. Ce moment, grâce à Dieu, n'était pas encore arrivé quand vint la délivrance, sous la figure d'une compagnie de marins qui pénétra dans la cour le mercredi, vers trois heures et demie..... Les fédérés ne l'attendirent pas!

XXXVII.

L'Institut a eu peu de chose à démêler avec la Commune. Les hommes politiques de celle-ci n'ont jamais sollicité les palmes vertes qui tentèrent, en d'autres temps, la vanité de MM. Émile Ollivier et Jules Favre.

Les académies, sous le règne des *Quatre-vingt-seize*, se conduisirent en filles sages qui ne tenaient point à faire parler d'elles. On les oublia, — c'est tout ce qu'elles pouvaient espérer de plus heureux.

Aussi l'Institut, même sous la Commune, put couler des jours tranquilles. Je connais peu de gens à qui il soit permis d'en dire autant.

Ses tribulations commencèrent juste au moment où celles de Paris allaient finir.

Les *Vengeurs de Flourens* occupaient le mardi 22 la forte barricade qui défendait ses abords.

Avant que la fusillade commençât, ils sentirent le besoin de visiter..... — la bibliothèque ?

Non : la caisse ! La caisse eut l'impertinence de se trouver à sec, ce qui indisposa les Vengeurs. Ne trouvant pas d'argent, ils se rabattirent sur l'argenterie, et demandèrent celle des employés.

Ces honnêtes gens avouèrent qu'ils n'en avaient point.

« Vous avez tort de faire des façons ! dit le capitaine en prenant un air bon enfant ; comme on va mettre le feu ici et que tout va brûler, vous n'en seriez pas plus pauvre pour nous avoir livré une chose dont vous ne vous servirez plus !..... »

Et comme celui auquel s'adressait le Vengeur ne

laissait point que de témoigner quelque étonnement et moins de satisfaction :

« C'est comme cela! dit l'autre ; à mesure que nous sommes obligés de nous replier, ce que nous ne pouvons plus garder, nous le brûlons! »

Nous savons déjà que le Vengeur disait vrai.

Le mercredi matin, sur les cinq heures, il vint d'autres hommes, coiffés de chapeaux tyroliens. Ceux-ci enlevèrent un des concierges pour le fusiller, parce qu'il leur avait résisté avec une certaine énergie; un autre de ces modestes fonctionnaires, celui qui tire chaque jour le cordon à mon ami et cher maître Jules Sandeau, fut averti de faire ses paquets et de partir dans les cinq minutes — c'était le délai de grâce — pour éviter les plus terribles catastrophes. On commençait, en effet, à disposer sous l'espèce de porche mal tourné qui s'ouvre au coude de la rue de Seine une certaine quantité de tonneaux de poudre, dont la destination n'était pas douteuse le moins du monde. Les Tyroliens ne dissimulèrent point au pauvre diable, de la bouche duquel je tiens ces détails authentiques, qu'une mine était placée en avant de la barricade, qu'elle se reliait à tout un système de torpilles et autres machines non moins rassurantes, longeant le quai Malaquais, et, par le quai Voltaire et le quai d'Orsay, s'étendant jusqu'à la Chambre des députés. Un fil électrique mettait en communication toutes ces inventions plus ou moins diaboliques, et, à un moment donné, toute cette longue ligne d'hôtels et de palais allait disparaître dans un écroulement universel!.....

Tout cela était vrai! Pendant une heure ou deux, un homme, un seul, celui qui était tout à la fois le serviteur et le confident de l'Internationale, est resté le maître de la vie et de la mort de tant d'êtres innocents, dont, on peut cette fois le dire, sans figure, la destinée n'a tenu qu'à un fil!

Ce fil, qui l'a brisé entre ses doigts? Peut-on croire au remords? Peut-on admettre une pensée plus clémente succédant tout à coup dans cette âme fière et farouche à l'inextinguible haine qui la dévorait? Ce déclassé de la société régulière vit-il briller à ses yeux, comme une lueur, l'espoir, chimérique sans doute, d'y conquérir un jour ou d'y retrouver une place? Nul ne le sait! Quelques-uns prétendent que le roman se mêle parfois à l'histoire d'une façon bien étrange, que rien n'est parfois plus invraisemblable que le vrai, et que les âmes les plus cruelles pouvaient devenir aussi les plus douces. C'était sans doute un miracle : mais depuis quand deux yeux au regard profond et calme n'ont-ils plus le pouvoir de faire des miracles? depuis quand n'a-t-on pas vu les plus faibles mains, pourvu qu'elles fussent belles, enchaîner les plus fougueuses colères, et dompter les plus intraitables caractères?

Et voilà comment l'Institut fut sauvé, et comment, non loin de là, nous retrouverons encore l'aimable et cher asile, la maison hospitalière, où tant de fois, et dans les bons jours et aussi dans les mauvais, ceux qui sont épris des nobles choses, ceux qui aiment le beau et le bon, et qui font du bien le culte désintéressé et le but idéal de leur vie, ont toujours rencontré l'accueil sympathique qui récompense, encourage ou console.....

XXXVIII.

Parmi ces désastres qui ont frappé Paris d'une véritable consternation, celui de tous dont l'influence se fera le plus longtemps sentir, c'est incontestablement la destruction du PALAIS DE JUSTICE.

Les Parisiens sont fiers de leur Palais de Justice, qu'ils appellent tout simplement et par excellence le *Palais,* tout autant que des Tuileries et de Notre-Dame.

C'est qu'en effet aucun monument n'est mêlé peut-être depuis plus longtemps ni plus étroitement à la vie même de la cité. Quel est celui de nous qui n'a pas eu, dans le cours de son existence, au moins une fois, quelque maille à partir avec dame Justice? Poursuivant ou poursuivi, demandeur ou défendeur, prévenu ou témoin, la vieille Thémis, aveuglée par son traditionnel et symbolique bandeau, nous a tous appelés ou reçus dans son sanctuaire. Toutes les questions de la vie civile se posent et se résolvent à ses pieds ; ses balances pèsent nos droits, et ses inéluctables arrêts décident souverainement de notre fortune et de notre vie, — bien plus encore, — de notre honneur! Dans ses longs greffes poudreux sont recueillies et conservées toutes ses décisions, qui, interprétant et appliquant la loi générale, deviennent pour chaque cas la loi même des particuliers. Les actes de notre état civil se conservent dans ses archives; les minutes de ses audiences de criée deviennent nos titres de propriété les plus incontestables, et le procès-verbal de sa cour d'assises et de ses chambres correctionnelles forme l'histoire saisissante et terrible du crime parmi nous. Le Palais de Justice ne pouvait s'anéantir sans emporter avec lui une page — et souvent la plus intéressante — de la vie de chacun de nous. Comment donc eussions-nous pu rester insensibles à sa perte? Elle a été vivement ressentie : elle a été pour tous comme un deuil public.

Sur le lieu même où s'élevait — où s'élève encore — le palais dont la Commune avait décrété la ruine.... mais sans pouvoir la consommer, alors même que *Paris* n'était encore que *Lutèce*, c'est-à-dire une ville de boue — ou tout au plus de terre — au temps de la domination romaine, il y avait un château ou citadelle, en un mot une construction importante et forte qui, sans doute, servait de résidence au gouverneur de la province, et parfois même peut-être au César qui régnait sur les Gaules.

Un peu plus tard, quand la dynastie franque eut succédé aux Césars, quand leur domination barbare eut remplacé une oppression savante, les rois chevelus partagèrent leur temps entre le palais des Thermes, situé sur l'emplacement de l'hôtel Cluny, — c'était alors la pleine campagne, — et cet autre palais, qui s'élevait dans leurs fortifications, et dont une longue suite de modifications et de changements a fait le Palais de Justice actuel.

Le premier qui s'établit dans ce palais à perpétuelle demeure, ce fut Eudes, comte de Paris, et depuis roi de France. Ce prince fixa au Palais sa résidence définitive. Robert le Pieux l'agrandit et l'embellit. Pendant une longue suite d'années, tous nos rois y laissèrent des souvenirs. Louis le Gros et Louis le Jeune y moururent, et Philippe Auguste y célébra ses noces avec cette princesse de Danemark qu'il aima moins qu'Agnès de Méranie.

Mais la plus grande illustration royale du Palais, ce fut saint Louis.

Le fils de Blanche de Castille fit reconstruire le Palais presque en totalité. Ce fut par ses ordres que fut bâtie cette SAINTE-CHAPELLE, admirable spécimen de l'architecture religieuse du treizième siècle, modèle de grâce, d'élégance, et en même temps de

D'après une photographie de Rubert.

Palais de Justice, Cour de cassation et Préfecture de police.

Page 171.

majesté, que rien depuis n'a surpassé ni même égalé, et qui fera vivre, tant qu'il y aura des hommes épris du beau et capables de l'apprécier, de le goûter et de l'aimer, le nom et le génie de son auteur, Eudes de Montreuil.

Saint Louis avait également fait construire une salle immense pour les fêtes qu'il donnait parfois à ses grands vassaux ; c'était aussi dans cette salle que s'accomplissaient les actes solennels de son règne. Ce type grandiose de l'architecture civile du treizième siècle occupait l'emplacement de la grande salle actuelle connue sous le nom de salle des Pas perdus.

Philippe le Bel, Louis XI, Charles VIII et Louis XII firent au Palais des agrandissements nombreux, bien que déjà il ne fût plus la résidence exclusive et habituelle de la royauté. Nos monarques commençaient à lui préférer ou le Louvre, ou l'hôtel Saint-Paul. François Ier fut le dernier roi qui habita le Palais : encore ne l'habita-t-il qu'un temps ; il se plaisait mieux au Louvre, mais l'hôtel Saint-Paul était sa résidence de prédilection.

Depuis saint Louis, le parlement avait partagé le Palais avec les rois ; depuis Henri II, il l'occupait seul. Les rois le lui abandonnèrent.

De l'ancien palais du moyen âge et de la renaissance, il ne reste plus que la Sainte-Chapelle, une partie de la galerie, les cuisines, la tour de l'Horloge et les deux tours voisines.

De nombreux incendies avaient exigé des reconstructions. C'est ainsi que la grande salle de saint Louis, consumée en 1618, dut être refaite par Jacques Desbrosses, l'architecte du Luxembourg. Un autre incendie, celui de 1776, rendit nécessaire une reconstruction presque totale. C'est de cette époque que date la façade qui domine la cour orientale, ainsi que ses deux avant-corps, et son escalier grandiose. Onze ans plus tard, on déblaya les abords du Palais, et on ferma la cour d'honneur par la grille monumentale que nous admirons encore aujourd'hui.

Il y a environ quarante ans que furent repris, d'après un plan nouveau, les travaux qui devaient amener l'achèvement définitif du Palais et réaliser les améliorations depuis longtemps projetées. Sous l'Empire, ces travaux avaient été poussés avec une sérieuse activité, et l'on peut dire qu'au moment où la Commune l'a brûlé, il allait recevoir ses derniers embellissements. L'œuvre était achevée ou peu s'en faut. On n'attendait plus que le couronnement de l'édifice.... quand il est tombé.

Le Palais couvrait, avec ses annexes, tout l'espace compris entre les deux quais de l'Horloge et des Orfévres, les rues de Harlay et de la Barillerie. C'est, on le voit, un ensemble de constructions d'une réelle importance. Tous les services, si nombreux et si divers, de la justice civile et criminelle, depuis le tribunal de simple police du quartier jusqu'à la chambre des audiences solennelles de la Cour de cassation, dont la suprême compétence s'étend jusqu'aux limites extrêmes du territoire français, avaient trouvé à s'y loger plus ou moins commodément, mais de façon pourtant à faciliter, par une concentration puissante, le fonctionnement d'une machine immense et compliquée.

La partie du Palais qui a le plus souffert est précisément la partie neuve, restaurée, ou pour mieux dire rebâtie complétement, par un habile architecte, M. Leduc, auquel l'Institut décernait récemment le prix décennal de cent mille francs, applicable tour à tour aux lettres, aux sciences et aux arts. Toute cette partie neuve du Palais, inaugurée à peine, est mutilée affreusement : tout est à refaire! Avec l'architecture de M. Leduc ont péri également les grandes statues faisant face à la place Dauphine et les nombreuses et belles peintures historiques et décoratives de MM. Robert-Fleury, Lehmann et Ulmann. Les vieilles constructions, celles qu'on eût été obligé de reprendre prochainement en sous-œuvre ou d'abattre, ont été moins maltraitées.

Il y a eu de grands désastres dans ce monde de documents que garde le Palais. Les archives criminelles ont été incendiées : il n'en reste plus de traces aujourd'hui. Elles comprenaient les arrêts rendus depuis 1790, ainsi que les jugements du tribunal révolutionnaire. Le greffe criminel est intact; mais il ne contenait que les arrêts des dix dernières années, et seulement l'énoncé sommaire des arrêts rendus depuis 1840. Les deux dépôts des greffes correctionnel et de la Cour ont été brûlés avec les valeurs importantes qu'ils contenaient. Une couronne de diamants, estimée deux cent mille francs, a été détruite au greffe correctionnel. Les petits employés, qui trouvaient un asile décoré du nom d'appartement dans les recoins du Palais, n'ont eu que le temps de fuir, et n'ont pu rien emporter avec eux.

C'est à Raoul Rigault que l'histoire imputera la destruction partielle du Palais. Le procureur de la Commune avait requis l'incendie contre le sanctuaire même de la justice. A la suite des désagréments que lui attira l'affaire Pilotel, lorsque cet odieux personnage quitta la préfecture de police, qu'il s'était tout d'abord attribuée au moment du pillage général et de la curée chaude des fonctions rétribuées, il se fit octroyer, comme pis-aller, la place de procureur de la Commune, où il était certain de pouvoir encore satisfaire suffisamment ses instincts cruels; mais comme, du moment où l'on prend on ne saurait trop prendre, il alla du premier coup s'établir, avec son *alter ego,* Gaston Dacosta, — celui que, au quartier Latin, on connaissait plus généralement sous le sobriquet grotesque de Coco, — dans le cabinet du procureur général près la Cour de cassation, où il trouvait trois ou quatre pièces élégamment et confortablement aménagées. Le drôle avait un certain goût. Son premier soin, quand il entra en fonctions, avait été de demander aux anciens garçons de la Cour suprême s'ils voulaient le servir. Les braves gens eurent la dignité et le courage de répondre par un refus aussi unanime qu'énergique. Le nouveau procureur en fit écrouer une demi-douzaine, pour inspirer aux autres le respect, sinon l'amour de sa personne. Toutefois, ne se jugeant point suffisamment en sûreté dans ce monde-là, et bien convaincu d'ailleurs qu'il ne pouvait prendre trop de soins pour la conservation de ses précieux jours, il transporta ses dossiers et son secrétaire dans la salle des appels de la police correctionnelle. C'est là qu'il fit juger et condamner, par son fameux jury d'accusation, trié sur le crible, les sergents de ville et les gardes de Paris pris à Montmartre le 18 mars.

Après avoir fait placarder sur les murs du palais cette affiche en style lapidaire, que le feu eut la barbarie d'épargner :

« Il est défendu de mettre le NEZ à la fenêtre »,
il commença à rédiger ses réquisitoires contre les prêtres, les moines et les religieuses, qui lui inspiraient je ne sais quelle antipathie instinctive, et dont il avait juré le complet anéantissement. Il fut interrompu dans ce labeur, qui lui plaisait, par l'arrivée des Versaillais, qui lui déplut, et

comme en ce moment il avait d'autres affaires sur les bras, il chargea son substitut, un nommé Würtz, de l'*exécution* du Palais.

Celui-ci, comme tous les membres de la Commune, avait le culte du pétrole, et il éprouva tout de suite une envie immodérée d'en badigeonner les murs du vieil édifice. Mais les hommes de peine du Palais, les simples garçons de salle, prenaient en le regardant un air si rébarbatif que, loin d'espérer leur concours, il dut, au contraire, craindre de rencontrer chez eux une compromettante opposition. Dans ce cas-là, on sait que la Commune et ses adhérents avaient toujours à leur service une force brutale, obéissante et stupide, avec laquelle on brisait les plus courageuses résistances. — Tout le monde avant moi a déjà nommé les fédérés.

Würtz envoya donc chercher le 92e bataillon de la garde nationale, dont la fonction dans ces jours néfastes fut de présider à la ruine de Paris — ou de travailler à l'accomplir.

Ce ne fut pas tout.

Comme le digne substitut de Rigault était homme avisé et qui pensait à tout, il fit en même temps demander au commissaire de police, son voisin, deux citoyens badigeonneurs sachant se servir du pétrole. On n'en manquait pas.

Le commissaire ne fit pas attendre sa réponse, et il envoya aussitôt à Würtz les deux pétroleurs demandés, avec ces lignes, que l'on ne se permettrait pas d'inventer :

COMMISSARIAT DE POLICE
DU PALAIS DE JUSTICE.

Citoyen,

Prenez ces deux citoyens, qui sont deux *bons bougres à poil.*
Signé : Breuillé.

En les voyant répandre à flots le liquide incendiaire, le plus jeune des gardes du Palais, Arthur Receveur, se jeta sur ces misérables pour les empêcher de continuer leur besogne; mais Würtz le fit arrêter. Les autres gardes, Delumeau, Amiard, Receveur père, Souze et Élie, tentèrent un dernier effort, et supplièrent les incendiaires de s'arrêter. Pour toute réponse, on leur mit le pistolet sur la gorge et on les renvoya.

Ces braves gens comprirent qu'en ce moment toute résistance était inutile, et pour ne pas être les témoins du désastre qu'ils ne pouvaient empêcher, ils s'éloignèrent en effet, la mort dans l'âme. C'était le lundi 22, il pouvait être environ trois heures de l'après-midi. Quelques minutes après leur départ le feu éclatait sur onze points différents à la fois, et dévorait le sanctuaire même de la justice.

Une des pertes les plus sensibles que Paris ait faites dans l'incendie du Palais, c'est incontestablement les registres de l'état civil de certaines municipalités, dont les deux exemplaires se trouvaient réunis, par suite de diverses circonstances, dans les bâtiments incendiés. L'accident prend ici des proportions formidables, et si, à force de soins, il devient possible dans certains cas de combler cette lacune si regrettable de nos archives de famille, il en est d'autres où il ne sera au pouvoir de personne de remplacer les documents détruits.

La Commune, qui s'attaquait à la société tout entière, pouvait-elle respecter la famille!

XXXIX.

Dans les mouvements révolutionnaires qui ont toujours pour agents, sinon pour inspirateurs, des hommes à qui plus d'une fois la justice eut des comptes à demander, la PRÉFECTURE DE POLICE est toujours aussi un des premiers points envahis. Les intéressés veulent tout d'abord aller y chercher quelques pages de leur histoire, et, s'il se peut, en effacer la trace. Que de gens feraient volontiers une petite révolution, — et même une grande, — pour brûler leurs dossiers! Les hommes du 18 mars ne dérogèrent point à ces traditions.

Rien ne serait plus curieux, plus instructif..., mais en même temps moins moral..., que l'histoire de la Préfecture de police pendant la Commune, et des citoyens que l'on a vus y jouer un rôle plus ou moins important.

On y trouverait d'abord l'inévitable Raoul Rigault, flanqué de ses deux acolytes, Gaston Dacosta et le docteur Regnier, y faisant irruption le jour même de la victoire, et s'annonçant comme préfet de police aux anciens employés de cette administration, toujours délicate, et parfois mal famée.

Ceux-ci comprirent leur devoir, et obéissant à des sentiments de fidélité qui leur font honneur, prirent le chemin de Versailles.

Raoul Rigault ne s'embarrassait point pour si peu : il les remplaça par ses anciens compagnons de plaisir du quartier Latin. Si incapables qu'ils fussent, ils étaient toujours à la hauteur de la mission qu'on leur réservait. Si misérables qu'ils pussent être, leur chef allait les dégrader encore ! La préfecture de police devint en quelques jours un des lieux les plus abominables de Paris ; nulle part le cynisme ne s'étala plus complaisamment ; nulle part la débauche ne fut plus audacieuse. Raoul Rigault, avec son collègue de la Commune, Paschal Grousset, est incontestablement une des figures les plus hideuses de cette révolution de carrefour et de ruisseau, et ces deux mignons nous inspirent peut-être encore plus de dégoût que de haine. Dans l'hôtel qu'avaient habité jadis ces premiers présidents, honneur du Parlement, les Lamoignon, les Maupeou, les Molé, les d'Aligre, les de Mesmes, les d'Ormesson, et, après eux, ces maires de Paris, les Pétion, les Pache, les Fleuriot, les Chambon, qui du moins étaient des hommes, et qui combattaient pour une idée, Rigault installa la crapule basse et l'ivrognerie perpétuelle. Entre deux bocks, on signait des mandats d'amener, et dans la salle enfumée où l'on venait de banqueter avec des impures, on faisait comparaître des prêtres vénérables, dont l'interrogatoire dégénérait bientôt en insulte.

De 1800 à 1871, vingt-sept préfets de police avaient précédé Raoul Rigault rue de Jérusalem.

Quand le vaste ensemble des bâtiments qui forment aujourd'hui le Palais de Justice était la résidence de ses rois, ses jardins s'étendaient jusqu'à la Seine, sur la rive dont on a fait depuis le quai des Orfèvres. Il y avait dans ces jardins une espèce d'hôtellerie où l'on donnait l'hospitalité aux pèlerins revenant de Jérusalem, et un manoir pour les baillis royaux, sorte de juges de paix qui rendaient une justice souveraine au nom des rois. Saint Louis y parut lui-même plus d'une fois, et ne dédaigna point d'y prononcer ses arrêts, comme il faisait sous le chêne de Vincennes.

Quand les institutions judiciaires commencèrent à se régulariser, l'arbitrage paternel des baillis royaux tomba en désuétude. Au commencement du dix-septième siècle, Achille de Harlay, président du Parlement, qui était devenu un grand corps politique, fit disparaître l'ancien bailliage qui tombait en ruine, et le remplaça par un hôtel destiné au premier président.

C'est cet hôtel que les hommes de la Commune ont détruit.

Ils ont détruit en même temps la collection la plus considérable qui nous reste de pièces relatives à la première Révolution, — la seule qui ait été grande malgré ses crimes. De précieuses archives contenant entre autres documents la collection complète, et par cela même gigantesque, des journaux publiés à Paris depuis un temps immémorial, ont été également consumées.

Joignant le vol à la violence, les agents de la Préfecture de police sous la Commune subvenaient par des exactions aux frais de leurs orgies. Ces exactions devinrent si visibles et si criantes chez les employés subalternes, que quelques-uns d'entre eux furent expulsés et même emprisonnés. Le bureau des passe-ports, par exemple, était l'objet d'un trafic ignoble : celui qui les délivrait exigeait un prix arbitraire, supérieur de beaucoup à celui que la Commune elle-même avait fixé. Voici un fait dont j'ai été le témoin personnel, — car j'ai voulu voir beaucoup des choses que je raconte.

Un pauvre diable qui désirait échapper aux rigueurs de la loi sur les réfractaires se présente au bureau et réclame le précieux papier.

« C'est dix francs! » lui répond un homme à l'air rogue.

Le postulant se fouille d'un air piteux, tout en essayant de marchander.

Le bureaucrate improvisé ne se donne pas même la peine de lui répondre ; mais il envoie un de ses garçons de salle voir s'il y a beaucoup de monde à la porte.

« Queue superbe ! fait celui-ci ; ça tourne ! On n'en voit pas le bout !

— Demain, fait l'autre à haute voix et en se frottant les mains, les passe-ports seront à quinze francs ! »

On sait comment après l'affaire de l'escroc Pilotel, que la Commune incorruptible vit d'un assez mauvais œil, Raoul Rigault se retira et fut remplacé par Gournet. Celui-ci ne fit guère que paraître et disparaître. Il eut pour successeur Théodore Ferré, qui fut le dernier des trois préfets de police de ce gouvernement de deux mois.

Membre du Comité de salut public, Ferré se faisait garder par le 104e bataillon des fédérés. Ce fut lui qui s'entendit avec Levraud, un de ses chefs de division, pour mettre le feu à la Préfecture.

Il voulut célébrer la dernière nuit de son pouvoir, et le nouveau crime qu'il allait commettre, par une de ces orgies que la Commune avait mises à la mode, — sans doute pour travailler efficacement par son exemple à cette amélioration des mœurs publiques et privées dont elle parlait sans cesse dans ses proclamations.

Quoi qu'il en fût, Ferré s'entoura de vingt-huit convives, et resta vingt-six heures à table !

Le lendemain, les soupeurs, chancelant sous le poids de leurs libations multipliées, mirent le feu à l'hôtel par onze endroits à la fois, comme les hommes de Rigault avaient fait au Palais de Justice. Le nombre onze était-il cher à la Commune?

Tous ceux qui connaissent un peu leur Paris savent quel amas bizarre de constructions de toute espèce s'élevait entre la Préfecture et le Palais. Ces constructions hétéroclites se pressaient les unes contre les autres : couloirs, salles, passages, bureaux, escaliers, corridors, bâtisses hâtives et provisoires, qui n'en duraient pas moins depuis près d'un siècle! Quand la flamme eut rencontré ces matériaux singulièrement inflammables, vieux bois, plâtras secs, dédales de planches, labyrinthes de poutres et de voliges, elle les dévora en un moment.

Mais, disons-le, ici encore la rage des janissaires du Comité central n'a pas fait tout le mal qu'elle avait espéré et désiré. En effet, un généreux citoyen, un homme de cœur, n'écoutant que son zèle et son dévouement, a bravé les plus horribles dangers pour faire son devoir, — plus que son devoir peut-être!

Cet homme s'appelle Charlet, et il était tout simplement le concierge de la Préfecture. Il avait lutté jusqu'au bout pour empêcher le badigeonnage au pétrole ordonné par *Monsieur le préfet*, lequel n'avait trouvé rien de mieux à faire que d'écrouer cet honnête homme au dépôt!

Surexcité par la vue des flammes, Charlet, dont les muscles valent les nerfs, tordit un des barreaux de sa fenêtre, et entraînant par ses paroles et par son exemple ses compagnons de captivité, il se dirigea vers les bureaux de la première division, consacrée aux grands criminels, voleurs et forçats, et il parvint ainsi à sauver une portion de ces derniers, nécessaires à l'histoire de quelques-uns des membres de la Commune, et en tout cas de beaucoup de ses suppôts et de ses adhérents.

Quant au préfet, il avait fait comme le procureur, — il avait fui. — Ces singes misérables des grands criminels ne les imitent que dans leur bassesse et leur honte. Ils veulent bien, comme Sardanapale, allumer un bûcher pour éclairer leur orgie...., mais quand le bûcher flambe, au lieu d'y monter — avec un courage qui peut-être ferait pardonner leurs folies, — les Ferré et les Rigault gagnent au pied, essayent de fuir, et vont se faire tuer au pied d'une borne..... comme des chiens!

XL.

« Il est difficile de ne pas soupirer, de ne pas s'indigner devant les dégradations, les mutilations sans nombre que simultanément le temps et les hommes ont fait subir au vénérable monument, sans respect pour Charlemagne qui en avait posé la première pierre, pour Philippe Auguste qui en avait posé la dernière.

» Sur la face de cette vieille ruine de nos cathédrales, à côté d'une ride on trouve toujours une cicatrice. *Tempus edax, homo edacior;* ce que je traduirais volontiers ainsi : Le temps est aveugle, l'homme est stupide.

» Rides et verrues à l'épiderme; c'est l'œuvre du temps. Voies de fait, brutalités, contusions, fractures; c'est l'œuvre des révolutions, depuis Luther jusqu'à Mirabeau. »

Ainsi s'exprime le chantre de Notre-Dame de Paris, dans un livre qui restera comme un de ses titres de gloire. En ce temps-là, Victor Hugo ne faisait pas de politique, et il se contentait d'être un grand poëte.

L'église métropolitaine ne pouvait échapper à la haine des gens de la Commune. A quoi bon des temples quand on nie Dieu? On voulut donc brûler Notre-Dame! Si ces forcenés avaient eu autant d'habileté que de scélératesse, un des plus vénérables monuments du monde catholique ne serait plus maintenant qu'une vaste ruine. Par bonheur, les brûleurs s'étaient mis trop tard à l'œuvre pour qu'il leur ait été possible d'accomplir une de leurs plus odieuses tentatives. Ils se sont trouvés eux-mêmes quelque peu étonnés et embarrassés devant cette toute-puissante masse de pierre qu'ils voulaient incendier, et qui leur offrait peu de prise!

Dans leur austère et froide nudité, ces murailles sévères, ces hautes colonnes se rejoignant à cent pieds du sol par leurs arcs en ogive, semblaient braver les efforts de ces nains malfaisants.

Les communeux n'avaient pas attendu les derniers jours de leur triste existence pour profaner et souiller le grand sanctuaire. Ils avaient adossé au maître-autel leur cuisine de campement, brûlé ou brisé les marches du chœur, fait un dressoir de la table sainte, et violé le tabernacle où repose, sous les espèces du pain, le corps de l'Homme-Dieu. Les tombes des évêques avaient été crochetées comme de simples caisses, et vidées comme des coffres-forts. Mais ce n'était pas assez, et ceux à qui on prêchait l'athéisme depuis si longtemps n'avaient plus qu'un désir : anéantir le temple de Celui auquel ils ne croient plus.

Pour en arriver là, ils avaient placé au milieu de la nef des tonneaux de pétrole, au-dessus desquels ils avaient entassé, en un bûcher immense, tout ce qu'ils avaient pu trouver dans l'église d'objets combustibles. Ils cherchaient encore, lorsqu'on les avertit de l'arrivée des troupes. Ils n'avaient pas découvert cette énorme charpente des combles — une vraie forêt — avec laquelle ils eussent aisément rendu le désastre irréparable.

Pressés, troublés, déjà poursuivis par la peur, et par ce fantôme de la vengeance céleste, qui doit maintenant hanter leur veille et leur sommeil, ils mirent le feu au pétrole d'une main tremblante et hâtée...... et prirent la fuite !

A ce moment, les internes de l'Hôtel-Dieu, qui suivaient leurs agissements avec une anxiété facile à comprendre, se précipitèrent sous la vieille basilique, aussitôt que les fuséens l'eurent quittée. Ils renversèrent le bûcher, éloignèrent ceux des tonneaux de pétrole qui n'avaient pas encore pris feu, et désespérant de pouvoir éteindre ceux qui brûlaient déjà, ils les laissèrent projeter dans l'espace vide leurs langues de flammes dévorantes. Ces flammes s'éteignirent faute d'aliment, inoffensives et impuissantes, avant d'avoir atteint la nef élevée et sereine, qui les méprisa. Les deux petits jubés qui forment l'extrémité du bas chœur ont été seuls détruits.

Les âmes religieuses, les savants archéologues, les artistes, tous ceux qu'anime le sentiment et que ravit le spectacle du beau, retrouveront bientôt, dans sa majestueuse intégrité, un des plus magnifiques monuments de Paris, de la France et du monde. Une fois de plus, la Commune a vu sa rage impuissante.

XLI.

Celui de tous nos monuments que la Commune avait le moins de droit et, disons-le bien haut, le moins de prétextes de détruire, celui dont l'inutile destruction annonce le plus clairement et sa stupidité et sa folie, c'est l'Hôtel de Ville.

Eh bien! c'est précisément l'Hôtel de Ville dont la ruine est la plus complète, la plus irréparable! Partout ailleurs, là même où le feu a été le plus violent, il reste beaucoup encore, et, si on le veut bien, la réparation n'est pas impossible.

Ici, au contraire, la destruction a été implacable. Elle ne s'est arrêtée qu'après avoir touché le but. Il semble qu'un souffle renverserait ce qui est encore debout. Dans quelques jours, on pourra sans doute dire avec le poëte :

Etiam periere ruinæ!

Mais, par une sorte de compensation funèbre, ces ruines sont aussi les plus belles que nous aient faites les Vandales de 1871. Toutes récentes qu'elles soient, elles ont déjà la majesté que, d'ordinaire, le temps seul donne à l'œuvre cruelle de la main des hommes. Cette fois, quelques heures ont produit le lent effet des siècles.

La première fois que je vis les ruines de ce noble monument, qui fit si longtemps l'orgueil et la joie des Parisiens, dont chaque partie était comme une page de leur histoire sculptée dans la pierre vive, dont l'ensemble racontait une longue période de gloire, de luttes, de revers, de triomphes, de catastrophes et de fêtes, c'était la nuit. Cette nuit claire et sereine enveloppait les objets d'une lumière adoucie et caressante, qui semblait les revêtir d'une grâce pénétrante et d'un charme inouï.

Je m'arrêtai à quelque distance, pour saisir l'effet général de la masse avant de chercher la curiosité du détail. L'impression générale du tableau me rappela celle que, plus jeune, hélas! j'avais parfois éprouvée lorsque, errant dans l'Asie déserte, je me trouvais tout à coup en face des restes grandioses de ce qui fut Héliopolis ou Palmyre. C'était le même aspect, saisissant et superbe, calme pourtant, bien que profondément triste.

Les autres ruines, au cœur de la ville, mêlées aux maisons encore debout, et, pour ainsi parler, au milieu même du monde des vivants, ont quelque chose de poignant jusqu'à l'angoisse, d'émouvant jusqu'au trouble! C'est l'horreur de la destruction, dans laquelle tout est cru et criard, où la rétine délicate est offensée par les tons trop durement contrastés de la pierre neuve et de la pierre noircie, et où, d'ailleurs, on sent trop une désolation présente pour ne point éprouver je ne sais quel remors et quelle honte en face d'une jouissance de dilettante, qui ne serait qu'une impiété!

Mais, par cette nuit, dans ce silence, dans cette solitude relative du grand monument, tout seul au milieu de cette place dégagée et qui semble vide, pour un moment, l'artiste tua en moi le citoyen, et je ne pus m'empêcher de me dire tout bas : C'est terrible, mais c'est beau !

* * *

Ce qui reste de l'immense palais, ce n'est plus que son squelette. Plus de toits, plus de campanile, plus de clochetons légers, donnant au monument un air de jeunesse et d'éternelle gaieté ! Plus une seule de ces hautes cheminées historiées, orgueil de la Renaissance ! Tout a disparu, tout a sombré dans un abîme de feu ! Je ne parle point des intérieurs, que la Commune avait si longtemps souillés de sa présence : ils ont été dévorés les premiers. Maintenant, les murailles corrodées par la flamme, irrégulièrement mutilées, avec leurs fenêtres agrandies et déjetées, leurs portes qui ressemblent à des brèches, leurs faîtes capricieusement découpés de dentelures, qui leur donnent la vague apparence des créneaux d'une forteresse démantelée ; avec les statues des grands Parisiens, qui furent l'honneur de leur ville natale, chancelantes sur leur base, les unes encore debout et fières, les autres déjà renversées et retournées vers le palais, comme pour contempler sa ruine et assister de plus près à sa chute prochaine, tout cela forme un ensemble d'une grandeur imposante, qui vous émeut, vous frappe, vous attriste... et pourtant vous captive et vous retient !

Façade de l'Hôtel de Ville après l'incendie.

* * *

L'Hôtel de Ville, dont naguère encore nous admirions les splendeurs, dont aujourd'hui nous contemplons les débris, ne fut pas toujours le somptueux monument dont s'enorgueillissait si justement la capitale de la France. Comme beaucoup de parvenus, il eut des commencements modestes.

Au douzième siècle, la première charge civile de Paris était celle de prévôt de la ville. Mais cette charge n'était qu'une charge vénale. Les magistrats vraiment municipaux, les échevins, — tel fut leur nom, — ne datent que de Philippe Auguste, qui les créa par ordonnance, et qui attribua en même temps des armoiries à sa bonne ville.

Vers le milieu du treizième siècle, le chef de la communauté des marchands (on disait alors la *hanse*) reçut le titre de prévôt des marchands, ou de maître des échevins. La hanse obtint à ce moment un accroissement notable de priviléges et d'attributions : elle délibéra sur les affaires publiques. Le local où elle se réunissait ne se composait guère que d'une grande pièce, avec quelques misérables dépendances, où les citoyens venaient causer de leurs affaires et de celles de la ville. On l'appelait le *parloüer aux bourgeois*.

Ce premier parloir était situé près du grand Châtelet, et il occupa le grand Châtelet lui-même, après une station faite à la place Saint-Michel.

En 1347, les bourgeois, qui peut-être ne se trouvaient pas en sûreté dans une forteresse, achetèrent sur la place de Grève une grande maison, désignée sous le nom de *Maison des Piliers,* à cause des piliers polis qui ornaient sa façade. Bien qu'elle fût habitée par Guy, dernier Dauphin du Viennois, qui l'avait reçue en don de Philippe de Valois (ce qui fait qu'on l'appelait aussi la Maison au Dauphin), cette demeure était fort simple et ne se distinguait des habitations ordinaires des bourgeois que par les petites tourelles qui ornaient ses angles. Ce fut seulement en 1522 que l'on arrêta le projet d'un nouvel édifice. Le 15 juillet de l'année suivante, Pierre Nielle, le prévôt des marchands, en posa la première pierre. Bien que l'on fût alors en pleine Renaissance, les bourgeois, qui sans doute n'étaient point les amis du progrès, se firent élever un palais gothique. Il montait déjà au second étage lorsqu'on en suspendit tout à coup l'exécution. Un nouveau projet fut présenté à Henri II, en 1549, par Domenico Boccadoro, celui que l'on appelle ordinairement Dominique de Cortone. Le roi approuva. Jean Asselin, maître des œuvres de la ville, fut chargé de conduire les travaux. Il les conduisit lentement. Ce milieu du seizième siècle fut une époque singulièrement troublée de notre histoire, et Paris eut souvent alors d'autres soucis que celui de se bâtir des palais. Ce fut seulement lorsque Henri IV eut rendu la paix à la France que l'Hôtel de Ville fut achevé sur les plans d'André Ducerceau. François Miron, dont Paris a gardé la mémoire, était prévôt des marchands au moment de son inauguration.

L'Hôtel de Ville d'André Ducerceau occupait à peu près le quart de l'emplacement du dernier palais, — celui qu'a brûlé la Commune. Il se composait d'un corps de bâtiment flanqué de deux pavillons à toits aigus. Le bâtiment central avait un rez-de-chaussée et un premier étage surmonté d'une balustrade. Au-dessus de la balustrade s'élançait un campanile élégant, décoré à sa base de statues allégoriques. Deux ordres de colonnes composites, superposées, décoraient la façade. Entre chaque colonne du premier étage on avait ménagé une niche. Dans ces derniers temps, toutes ces niches étaient garnies de statues. On avait donné au pavillon un étage de plus qu'au grand corps de bâtiment. Au-dessous de la porte d'entrée on avait placé une statue équestre de Henri IV, en bronze doré. Détruite par la Révolution, cette statue avait été remplacée par une autre en bronze aussi, mais non doré, sous le roi Louis XVIII. De chaque côté du pavillon s'ouvraient deux portes en arcades à plein cintre, avec tympan décoré de sculptures. Rien de plus grandiose ni de plus charmant, rien de plus pittoresque ni de plus élégant que cet ensemble si harmonieux dans ses proportions et si fin en tous ses détails.

Sous le règne de Louis-Philippe, qui aimait la pierre de taille, mais qui n'en fit pas toujours un très-judicieux emploi, on gâta l'œuvre exquise de Dominique de Cortone, par une amplification gigantesque qui en altérait profondément le caractère.

Mais si c'est là une critique que les délicats ne pouvaient manquer d'adresser au nouveau palais, ils n'en rendaient pas moins justice à ce qu'il y avait de majestueux, d'imposant et de riche dans ces immenses constructions, qui ne couvraient pas moins de neuf mille six cents mètres de terrain, et dont les moindres parties étaient traitées avec un soin consciencieux.

*
* *

Pour décrire les merveilles, pour faire connaître à ceux qui ne les ont pas vues les splendeurs du palais que les forcenés de la Commune ont réduit en cendres dans le délire d'une nuit, il ne faudrait guère moins d'un volume. L'art décoratif moderne avait dit là son dernier mot. Tous les chefs de la municipalité parisienne qui avaient successivement habité ce palais avaient tenu à honneur d'apporter, avec plus ou moins de goût sans doute, mais, avec un zèle égal, leur part d'efforts et de soins dans l'embellissement de cette maison de la ville, dont la ville était si justement fière. C'était là une œuvre énorme, à laquelle avaient collaboré des milliers d'artistes. La peinture, la sculpture, le stucage, qui rivalise avec le marbre, ornaient ses plafonds et ses murs. L'ameublement lui-même était d'une richesse et d'un luxe dont les palais des rois pouvaient à bon droit se montrer jaloux.

Pour savoir ce qu'était l'Hôtel de Ville, pour apprécier la perte que nous avons faite en le perdant, il faut avoir assisté à quelqu'une de ces fêtes comme Paris, dans ses grandes nuits, plus brillantes que les plus beaux jours, en offrait aux princes amis et aux nations alliées; il faut avoir gravi, entre deux rangées de fleurs et de lumière, à travers une forêt d'arbustes embaumés, les marches basses et faciles du grand escalier d'honneur; il faut, au murmure de cette nappe d'eau colorée qui s'échappait d'une vasque inépuisable, avoir pénétré dans ces galeries éblouissantes où rayonnait le luxe des costumes, où s'épanouissait la beauté des femmes; il faut avoir parcouru cette succession sans fin de salons qui semblaient vouloir se surpasser les uns les autres, en goût, en luxe et en magnificence... Peut-être était-ce la civilisation matérielle poussée à outrance; peut-être y avait-il un danger dans cet excès d'un tel luxe... Mais si c'était le droit du moraliste, — son devoir, peut-être, — d'avertir les riches et les heureux qu'ils étaient près de glisser sur une pente fatale, ce n'est point à ceux qui vivent du travail, à ceux qui ont la prétention de représenter les intérêts des classes vouées à l'industrie, et qui après tout ne vivent que du luxe, qu'il appartenait de prononcer l'anathème sur ces merveilles, et de promener la torche dans le plus beau de nos palais..., au moment où, après l'avoir usurpé pour un temps, ils devaient cesser d'en jouir. Ceci, c'est l'égoïsme poussé jusqu'à la fureur ! c'est l'égoïsme qui se fait crime !

*
* *
*

Jetons maintenant un coup d'œil rapide sur les pertes que l'art vient de faire dans cette épouvantable catastrophe :

La Renaissance a perdu le délicieux petit édifice central, les deux merveilleuses cheminées qui étaient aux deux extrémités de la salle du Trône; l'une était due au ciseau de Biard, élève de Michel-Ange, l'autre était de Th. Bodin. Ajoutons, dans la salle dite du Zodiaque, les sculptures décoratives et sur bois de Jean Goujon.

L'époque de Louis XIV a perdu la statue du grand roi, par Coysevox, qui était un chef-d'œuvre, et que les Keller avaient coulée en bronze florentin.

Notre époque perd les quarante-six statues de Montyon, Monge, Gros, Voltaire, d'Alembert, Buffon, Ambroise Paré, Papin, de Harlay, Peyronnet, Voyer d'Argenson, Mansart, Le Brun, Lesueur, saint Vincent de Paul, Jean de la Vacquerie, Philibert Delorme, l'évêque Gozlin, Pierre Lescot, Jean Goujon, E. Boyleau, Hugues Ambroise, saint Landry, Maurice de Sully, Juvénal des Ursins, Pierre de Viole, Michel Lallier, Guillaume Budé, François Miron, Robert Estienne, Jean Aubry, Rollin, l'abbé de l'Épée, Turgot, Sylvain Bailly, Frochat, Lavoisier, Condorcet, Lafayette, de la Reynie, Colbert, Catinat, de Thou, Boileau Despréaux et Molière, œuvres remarquables de nos plus habiles sculpteurs, et que l'on avait placées dans des niches ménagées à dessein, pour orner la principale façade de l'édifice. Toutes ces statues sont complétement détruites ou fortement endommagées.

*
* *
*

L'Hôtel de Ville possédait aussi une fort belle bibliothèque municipale, installée au troisième étage du pavillon nord-est, et riche d'environ cent mille volumes d'ouvrages principalement historiques. Cette bibliothèque a été brûlée. Il n'en reste pas un feuillet.

Les divers préfets de la Seine avaient réuni une collection unique, véritablement précieuse, des plans et cartes de leur ville et de leur département.

Cette collection n'existe plus. On ne la refera point.

* * *

Au premier étage, dans les ailes du sud et de l'ouest, tous les grands peintres de notre époque avaient couvert les murs et les plafonds des plus belles œuvres de leurs pinceaux. Ils avaient tenu à honneur de se voir représentés dans ce monument unique, qui s'élevait à la gloire de Paris. Que reste-t-il aujourd'hui de tout cela? Pas même une cendre légère! Autant en emporte le vent!

Regrettons encore des bronzes d'après Michel-Ange, de belles statues de Bosio et de Cavelier. Je ne parle pas des tapis d'Aubusson, des pendules de Denière, des lustres de Baccarat, des glaces de Saint-Louis et de Saint-Gobain. Il y en avait là pour des millions, et nous n'avons pas le droit aujourd'hui de faire fi des millions! Nous devons aussi sentir la perte de l'escalier à double rampe qui ornait la cour de Louis XIV; car Victor Baltard avait réalisé là une de ses plus heureuses inspirations, et cet escalier, dont il ne reste plus rien, était un véritable chef-d'œuvre de finesse, d'élégance et de goût.

Est-ce tout?

Eh bien, non, pas encore!

On sait que tous les souverains d'Europe qui

acceptaient une invitation à l'Hôtel de Ville prenaient l'engagement d'envoyer au préfet de la Seine leurs bustes en marbre blanc. Le nombre en était déjà considérable : les bustes de la reine d'Angleterre et du prince Albert, du roi et de la reine de Portugal, du roi des Belges, du roi d'Italie, de l'empereur de Russie, du roi de Prusse, de l'empereur de Turquie, etc., etc., formaient déjà une collection unique. Tout a été détruit, mutilé ou perdu dans ce formidable incendie.

*
* *
*

Les fédérés qui, depuis deux mois, avaient à l'Hôtel de Ville leurs grandes et leurs petites entrées, en connaissaient les tours et les détours; la Commune, qui siégeait, délibérait, vivait, buvait sous ces lambris dorés, a pu prendre à l'aise toutes ses dispositions pour procéder à une destruction raisonnée, méthodique et infaillible.

Nous avons vu qu'elle n'avait que trop réussi : ce que nous n'avons pas dit encore, c'est que, par un raffinement de cruauté inouïe, on avait laissé dans les caves de l'Hôtel de Ville un certain nombre de prisonniers — qui ont été les victimes de la plus cruelle des vengeances.... Ils sont morts dans les flammes. Que leur sang et leur malédiction retombent sur leurs bourreaux!

XLII.

La première Révolution avait dit : « Guerre aux châteaux, paix aux chaumières! » Il semble que la Commune a écrit sur son drapeau :

« Guerre à tout le monde! »

Les mêmes hommes qui brûlent les palais brûlent aussi les maisons, et la même torche qui allume une église met le feu à un théâtre.

Le programme de l'Internationale a été suivi à la lettre, et l'on n'a vraiment rien négligé pour exécuter cette sinistre menace de destruction universelle à laquelle, tout d'abord, Paris s'était refusé de croire, — parce qu'elle ne semblait pas être dans nos mœurs adoucies.

La pensée même qui avait présidé à la fondation du Théâtre-Lyrique devait le sauver des dangers d'un coup de main de la démocratie. Il se proposait, en effet, deux choses capables de lui concilier la faveur des hommes qui prétendent représenter le progrès parmi nous : il voulait offrir aux compositeurs jeunes, et le plus souvent sans fortune, un placement plus facile de leurs œuvres; il voulait aussi, par le bon marché de ses tarifs, accessibles même à l'ouvrier, travailler à l'initiation artistique des classes laborieuses, qui sans lui n'auraient jamais connu les grandes œuvres des compositeurs étrangers.

Cependant, comme tous les autres monuments de Paris, le Théâtre-Lyrique a été marqué pour la destruction!

Le mercredi matin, quarante fédérés, sous la conduite d'un colonel d'état-major qui ne craignit point de s'abaisser jusqu'à cette œuvre criminelle, se présentèrent à la porte du théâtre. Ils ne trouvèrent que la femme du concierge. Le colonel lui mit le pistolet sur la gorge et la contraignit à conduire sa horde dans l'intérieur compliqué de l'édifice. Là, avec l'habileté et les précautions que nous avons déjà signalées ailleurs, les murs furent enduits de pétrole; les bombonnes contenant le liquide qui a joué un si funeste et si terrible rôle dans nos derniers malheurs furent disposées dans sept endroits différents, et devant cette malheureuse femme, que l'on menaçait de fusiller si elle faisait un pas pour s'enfuir, on mit le feu partout. Alimentée par les matériaux si inflammables que contient toujours une salle de théâtre, excitée par le pétrole, la flamme s'est emparée de sa proie avec une violence inouïe. On l'a vue bientôt projeter ses jets redoutables par les portes et par les fenêtres, tandis qu'à l'intérieur elle achevait son œuvre sinistre.

Le Théâtre-Lyrique a brûlé jusqu'au soir. Le désastre est à peu près aussi complet qu'il pouvait l'être. Il n'existe que la façade et le foyer du public: tout le reste est dévoré. La construction n'était pas évaluée à moins de huit millions. Il faut ajouter un matériel considérable, qui augmente encore le total de la perte. Nous doutons que le Théâtre-Lyrique se relève de sitôt. C'est une grande perte pour l'art.

*
* *

Le Châtelet a été moins malheureux que son vis-à-vis le Théâtre-Lyrique.

Les incendiaires ne s'y sont présentés que le soir. On ne peut être partout à la fois! Ils étaient en petit nombre, et ils ont rencontré, pour combattre leurs efforts, des hommes énergiques, dont le courage à toute épreuve a été couronné d'un succès presque complet. Dans un temps où il était si difficile de réunir des secours efficaces, quand souvent l'habit prostitué du pompier ne couvrait qu'un brûleur, il a été impossible d'éteindre le feu tout d'abord; il a régné au Châtelet pendant deux jours et une nuit; mais on était du moins parvenu à le circonscrire entre le mur du fond, — ce qu'en langage de théâtre on appelle le lointain, — et la rue des Lavandières Sainte-Opportune. C'était donc, en quelque sorte, un incendie extérieur. Les décors et les accessoires ont été entièrement consumés; mais ni la scène ni la salle n'ont souffert, et, là du moins, le dommage sera aisément réparable.

XLIII.

Implacable dans ses haines, ne se laissant désarmer par aucune considération, peu soucieuse de ce qu'elle détruisait, pourvu qu'elle pût détruire, la Commune, qui à tant de reprises et avec une si risible emphase s'était déclarée la protectrice du pauvre, la Commune, qui revendiquait les droits de ceux qui possèdent contre ceux qui ne possèdent pas, et qui prétendait supprimer la misère, la Commune a fait mettre le feu aux bâtiments de l'ASSISTANCE PUBLIQUE. Ce qu'elle aurait dû défendre contre tous, elle-même a ordonné de l'anéantir.

Communiqué au bâtiment par le café *Marquis*, situé au coin du quai et de la place de l'Hôtel de Ville, le feu a consumé toute la portion qui fait face à la Seine et à l'avenue Victoria, ne laissant intacte que la façade qui regarde la place, et où se trouvaient les salles du conseil, ainsi que les appartements du directeur et du secrétaire. On aura à regretter la perte de dossiers importants : ceux des enfants assistés, de la comptabilité, du matériel, du secrétariat, de la division des hospices et des hôpitaux, du bureau des secours, et enfin les archives. Les plus anciennes, descendues dans les caves pendant le premier siége, ont été sauvées. Mais l'Assistance a perdu trois ou quatre de ses maisons, dont les revenus étaient chaque année le patrimoine des pauvres!

L'avenue Victoria a vu également s'effondrer dans les flammes le bâtiment qui contenait les administrations de l'Octroi, de l'État civil, ainsi que la Caisse de la Boulangerie.

XLIV.

La Commune, qui prenait si servilement le mot d'ordre de l'Internationale, ne cessait de demander la suppression de l'armée régulière et son remplacement immédiat par cette garde nationale, plus ou moins bien fédérée, dont elle se servait si habilement.

Il n'est donc pas étonnant qu'elle ait inscrit les casernes sur la liste des bâtiments bons à brûler.

La Caserne Napoléon, qui plusieurs fois déjà avait protégé efficacement l'Hôtel de Ville contre les coups de main des faubourgs, leur était particulièrement antipathique. On voulait la punir de son passé, et prévenir les résistances qu'elle pouvait offrir aux communeux de l'avenir....., si le malheur de la France la condamne à subir encore de telles épreuves!

Quand les combats sanglants livrés rue de Rivoli, et dans lesquels ils furent constamment défaits, eurent bien convaincu les fédérés de l'impossibilité de leur triomphe, quand ils furent, au contraire, certains de leur ruine prochaine, ils voulurent faire sauter la caserne, qu'il leur eût été peut-être difficile de brûler. Ils apportèrent donc cinquante tonneaux de poudre dans les caves, et ils se disposaient à y mettre le feu, lorsqu'un des ouvriers militaires dont ils s'étaient emparés en prenant possession de la caserne, quand, le 18 mars, l'armée régulière avait dû la quitter, eut une inspiration heureuse. Il se rendit dans le cabinet du commandant des fédérés, et y prit le timbre de la Commune, qu'il apposa sur l'ordre, écrit par lui-même, de donner à cette poudre une tout autre destination. Il alla ensuite porter cet ordre aux fédérés, qui, en voyant le cachet de la Commune, reprirent immédiatement leur dangereux colis. Ce stratagème de bonne guerre sauva la caserne Napoléon.

*
* *
*

La MAIRIE DU QUATRIÈME ARRONDISSEMENT, qui fait face à la caserne, aurait eu grand besoin d'une pareille intervention....., mais elle ne l'a pas rencontrée.

Là encore il y a eu des raffinements de cruauté et de sauvagerie qu'il est juste de flétrir.

Le feu a été mis le mercredi soir, sur les sept

heures. Les commandants des barricades, qui à ce moment cumulaient tous les pouvoirs, firent dire aux employés de la mairie qu'ils eussent à passer la nuit dans leurs bureaux. On voulait les brûler avec la mairie elle-même! Hâtons-nous d'ajouter que les malheureux voués à cette horrible mort parvinrent à s'échapper.

La mairie du quatrième arrondissement possédait dans l'aile qui longe la rue Vieille du Temple une fort belle salle de fête. Cette salle était surtout remarquable par ses magnifiques boiseries. Les hommes de la Commune recherchaient avec soin les boiseries dans les bâtiments sur lesquels ils avaient des vues. Les boiseries flambaient si bien!

Ce fut donc vers cette salle qu'ils se dirigèrent tout d'abord. Ils y rassemblèrent tous les papiers des bureaux, et toutes les substances plus ou moins combustibles qu'ils avaient trouvées dans les autres parties de l'édifice. A peine allumée, la flamme fit rage. L'éteindre était chose impossible, car, ici comme en beaucoup d'autres endroits, les fédérés avaient eu le soin de couper toutes les conduites d'eau, et, du haut de leurs barricades, ils tiraient sur les gens sans armes qu'ils voyaient se diriger du côté de l'incendie.

Cependant, d'une des cours de la mairie, on entendait s'élever des cris de douleur et d'effroi; de moment en moment la clameur devenait horrible. C'étaient de malheureuses femmes que les gardes nationaux massacraient pour crime d'incivisme. Ces bourreaux novices étaient scélérats, mais maladroits; une de leurs victimes se débattit près d'un quart d'heure entre leurs mains. On la livra à un garçon de quinze ans, apprenti assassin, qui lui donna le coup de grâce pour se faire la main.

Pendant ce temps-là, ceux qui ne tuaient pas pillaient et volaient. Linge, pendules, vêtements, médicaments même, appartenant aux ambulances ou aux bureaux de bienfaisance, ils ont tout emporté!... Ils ont bu jusqu'au vin de quinquina des malades! Lorsque, le jeudi, les troupes victorieuses se furent emparées du quartier, l'œuvre de la destruction était accomplie. On a trouvé dans les caves trente barils de poudre, qui auraient fait sauter ce que le feu eût épargné. Les maisons voisines auraient sans aucun doute été emportées avec la mairie; mais c'était bien là le moindre souci de ceux qui nous avaient tous voués à l'extermination par le fer et par le feu. Néron disait parfois :

— Je voudrais que le peuple romain n'eût qu'une seule tête, afin de pouvoir le décapiter d'un seul coup!

Les communeux ont dû regretter de ne pouvoir enfermer Paris dans un seul édifice, afin de l'y brûler tout entier dans une heure. Mais la scélératesse elle-même est parfois obligée de s'arrêter devant l'impossible!

XLV

Entre tous les quartiers populaires, il n'en est pas qui se soit montré plus réfractaire à la Commune que le quartier des Halles, où l'on travaille, où l'on *fait de l'argent,* comme disent les Américains, où l'on est pratique et positif, où l'on sait le prix des choses, où l'on ne se paie point de théories et de phrases, où l'on n'a jamais pensé qu'un mot creux valût une idée juste! La Dame de la Halle peut bien être un peu *forte en gueule;* mais elle est honnête, droite et courageuse. L'Internationale compte peu de partisans dans ce monde-là, et je doute qu'elle y fasse jamais de nombreuses recrues. On l'a bien vu lorsqu'il plut à ces messieurs d'enlever le digne curé de Saint-Eustache. Eux qui rendaient peu de chose, ils furent pourtant obligés de relâcher cet otage. Les brebis avaient sauvé le pasteur.

On s'est battu longtemps et avec acharnement autour des Halles, qui, par leur position centrale entre trois ou quatre quartiers qu'elles commandent, sont un point stratégique important. Mais cette construction toute moderne, si bien appropriée à son usage, et dont l'allure légère n'est pas sans élégance, n'a subi que de légers dommages. Il y a eu un certain nombre de carreaux cassés, mais partout les beaux ouvrages en fer son tépargnés.

*
* *
*

L'église Saint-Eustache a souffert davantage.

Il s'en faut qu'au point de vue du grand art Saint-Eustache soit un monument irréprochable. L'ensemble de l'église pèche contre cette grande loi de l'unité qui est une condition essentielle du beau.

La première pierre de l'édifice actuel a été posée le 1ᵉʳ août 1532.

Son auteur, dont il ne faut méconnaître ni l'esprit audacieux ni la féconde imagination, a cependant obéi à une idée absolument fausse : il a voulu réunir dans le même ensemble les deux écoles, ou, pour mieux dire, les deux arts qui se partageaient le monde à ce moment, et il a voulu aussi laisser à chacun d'eux sa physionomie nette et distincte. Au lieu de suivre l'exemple des grands architectes auxquels nous devons Chambord, Amboise et Chenonceaux, et de marier comme eux la forme ogivale aux formes nouvelles à l'aide d'une harmonieuse fusion; au lieu de répudier hardiment toutes les traditions gothiques, comme Philibert Delorme, Pierre Lescot ou Ducerceau, qui acceptèrent complétement les principes de la Renaissance, lui, au contraire, s'est posé l'insoluble problème de contenter tout à la fois les partisans du passé et les enthousiastes du présent.

Regardez, par exemple, le côté méridional de

l'église : le joli portail qui s'élève au milieu est calqué, quant à sa disposition générale, sur les plus heureux modèles du quinzième siècle. Seulement la végétation de pierre, qui d'ordinaire s'épanouit au sommet des ogives et le long des moulures gothiques, est remplacée par des oves, des feuilles d'acanthe, et autres ornements inspirés par l'étude et le culte de l'antiquité. Là où l'ensemble de la construction appelle l'ogive, nous trouvons des arcades en plein cintre. Voilà bien les gargouilles, les contre-forts et les arcs-boutants de Notre-Dame ; mais ces contre-forts semblent regretter leurs clochetons, et, au lieu des chimères et des monstres de notre vieille cathédrale, ce sont des grotesques antiques que représentent les gargouilles.

La même disparate se retrouve à l'intérieur, où l'œil ne rencontre que des pleins cintres, avec des oves et des acanthes, disposés par l'architecte sur le plan et avec la variété infinie que l'on admire dans les édifices du moyen âge. Devant ce parti pris, vraiment étrange, on éprouve d'abord une surprise qui, chez les gens d'un goût épuré, n'est même pas exempte de quelque malaise. Mais, peu à peu, on se laisse aller à une autre impression, et l'on admire de bonne foi cette abondance, cette force et cette grandeur d'un monument que l'on peut, après tout, regarder comme unique en son genre, et qui n'eût point disparu de la ville attristée sans nous faire vivement regretter sa silhouette pittoresque et originale.

Il n'en sera point ainsi. Les obus ont détérioré l'abside; mais l'ensemble des lignes architecturales n'est pas brisé, et les linéaments des sculptures seront aisément refaits. On pourra refaire aussi, et sans peine, la toiture de la chapelle de la Vierge.

Les peintures de M. Couture ont souffert, mais l'habile artiste n'a pas dit son dernier mot : il s'endort, il est vrai, depuis quelques années, dans un bien-être paresseux ; mais si son pinceau est languissant, sa palette garde encore de brillantes couleurs. Il voudra refaire ou du moins réparer son œuvre !

Ce qui ne sera ni refait ni réparé, ce sont les précieuses verrières du chœur, dues à Pinagrier, à Philippe de Champaigne, à Desaugives et à Jean de Nogare. La plupart de ces splendides vitraux, qui tamisent, décomposent et adoucissent si harmonieusement la lumière, sont maintenant étoilés, fêlés, perdus à jamais.

Portons encore cet acte de vandalisme au passif de cette Commune, malheureusement insolvable.

Au moment où ils se virent forcés d'évacuer le quartier des Halles, les fédérés mirent le feu aux combles de Saint-Eustache. Une fumée noire et épaisse sortait du clocheton. Un professeur de l'école de Saint-Cyr, M. Vallier, qui servait comme volontaire dans le 5ᵉ régiment provisoire du

4ᵉ corps, aperçut cette fumée, monta dans les combles, et suppléant à l'absence de pompes suffisantes (l'église n'en avait qu'une à son service) par une chaîne improvisée, il parvint à éteindre le feu avant qu'il se fût communiqué aux bois de charpente de la nef, dont l'incendie aurait sans nul doute entraîné la destruction totale de l'église.

XLVI.

Les GRENIERS DE RÉSERVE, que le public appelle généralement *Greniers d'abondance,* ont été presque entièrement détruits par l'incendie. La Commune eût été certaine de voir Paris mourir de faim le lendemain, qu'elle ne nous aurait pas fait grâce d'une allumette !

Ces Greniers de réserve étaient une vaste construction commencée en 1807, et achevée dix ans plus tard. Ils occupaient, sur une longueur de trois cent cinquante mètres, la belle allée d'ormes du jardin de l'Arsenal qui, comme on sait, bordait le rempart. Cinq pavillons, détachés en avant, et quatre arrière-corps, formaient l'ensemble de la construction. Il y avait là des caves magnifiques, trois étages de magasins, un petit chemin de fer en miniature, des grues d'une puissance capable de soulever un monde, une salle de vente, et divers bâtiments annexes. Le feu a dévoré tout cela ; il ne reste plus aujourd'hui que les murs, sombres, crevassés, mais debout! La flamme, qui a consumé ou fait sauter les toits, a crénelé les murs presque régulièrement, et aujourd'hui ils ont l'aspect étrange et le grand caractère de quelque forteresse du moyen âge après un rude assaut.

Du blé, de l'huile, des spiritueux, du vin et un stock énorme de morue, ont servi d'aliment à la flamme et brûlé avec une odeur nauséabonde qui empesta le quartier pour deux jours.

Deux autres incendies allumés par les communeux ont été la cause d'une perte considérable pour le commerce parisien, si rudement atteint par dix mois de guerre, de chômage et de luttes intérieures, — mais que l'Internationale s'est juré d'anéantir, tout aussi bien que l'industrie.

Je veux parler des Docks de la Villette, vaste entrepôt rempli de produits exotiques et français, dont on n'a presque rien sauvé, et de l'Entrepôt des denrées coloniales, vaste hangar à toiture solide situé sur la place des Marais, au bord du canal Saint-Martin. Naguère encore il y avait là des richesses immenses : il n'y a plus aujourd'hui que des ruines !

Les chercheurs, les fureteurs, ceux dont la plus grande joie est de découvrir dans quelque recoin une merveille inconnue, allaient parfois contempler au fond d'une de ces halles à sucre et à café une très-belle œuvre de Louis David à demi cachée derrière des caisses et des ballots. C'était une copie, ou, pour mieux dire, une réplique faite par lui-même, et de la même dimension que le tableau original, du mariage de Napoléon. David l'avait peinte pendant son exil en Belgique : elle aura sans nul doute été brûlée avec la provision d'épicerie qui l'accompagnait! Mais aussi, pourquoi donc un chef-d'œuvre va-t-il se nicher dans un comptoir?

* * *

Si la Commune a fait beaucoup de mal, elle n'a cependant pas fait tout le mal qu'elle aurait voulu. C'est ainsi qu'elle a inutilement donné l'ordre d'incendier l'IMPRIMERIE NATIONALE, qu'elle avait cependant trouvée assez docile pendant ses soixante-douze jours de règne. Vingt-cinq soldats n'avaient pu la défendre contre les huit cents fédérés qui étaient venus s'en emparer le 18 mars. On avait remplacé le directeur, M. Hauréau, membre de l'Institut, par un ancien employé inférieur de la maison, Alavoine fils, et un clerc d'avoué, du nom de Debock.

La Commune s'est livrée à une débauche d'affiches que je qualifierai volontiers du nom d'orgie. Elle a usé en deux mois et demi cinq mille rames de papier! Les protes savants qui corrigent d'ordinaire la prose mesurée des écrivains diserts et corrects qui ont l'honneur d'être imprimés par cet établissement modèle, durent être étonnés plus d'une fois de l'orthographe et de la syntaxe qui passa sous leurs yeux... et qu'ils durent respecter, car ces Messieurs n'entendaient pas être corrigés !

Pour récompenser leur dévouement et leur zèle, la Commune, qui avait enlevé une dizaine de mille francs dans leur caisse, où elle n'a laissé qu'une seule pièce..... et encore elle était fausse ! donna l'ordre au dernier moment d'incendier l'Imprimerie nationale.

Elle a été sauvée par les habitants du quartier.

XLVII.

Les Archives avaient aussi été condamnées à périr.

Les Archives contiennent les matériaux de l'histoire, et la Commune n'aimait pas l'histoire, — sans doute parce qu'elle prévoyait le châtiment qu'infligera un jour à sa mémoire cette vengeresse du droit outragé. — Les Archives devaient donc brûler, et avec elles les trente millions de liasses qu'elles renferment. Cet ensemble de documents, qui embrassent une période de plus de douze cents ans, excitait la haine d'une partie de la Commune et le mépris de l'autre. Un grief particulier s'ajoutait encore aux premiers. L'honorable directeur des Archives, M. Maury, un des hommes les plus savants de notre époque, sous le coup d'une menace de mort plusieurs fois répétée, avait toujours refusé d'amener le drapeau tricolore et d'arborer le drapeau rouge.

Un tel crime ne devait pas rester impuni. Le lundi 22 mai, cinq hommes de mauvaise mine se présentèrent dans le cabinet de M. Maury, et déclarèrent qu'ils venaient de la part de la Commune installer l'intendance aux Archives. La Commune une fois dans la place, on savait quel sort était réservé aux précieuses collections qu'elle renfermait. L'ordre d'incendier fut envoyé dans la journée du mardi, et il eût été sans nul doute exécuté la nuit suivante, malgré les efforts du directeur et des sept ou huit employés aussi dévoués que fidèles qu'il avait gardés près de lui, lorsque, obéissant à une idée dont nous n'avons pas à rechercher le mobile, mais qui eut du moins le plus heureux résultat, Debock, directeur de l'Imprimerie nationale, et Alavoine son compère vinrent trouver le directeur, et lui remirent la précieuse communication suivante :

Ministère de la Justice.

Paris, 24 mai 1871.

IMPRIMERIE NATIONALE.

CABINET DU DIRECTEUR.

COMMUNE DE PARIS.

Ce soir, à six heures, un ordre a été donné aux citoyens Debock (Louis-Guillaume) et Alavoine (André) d'empêcher par tous les moyens en leur pouvoir toute tentative d'incendie qui pourrait être faite aux Archives nationales.

Cet ordre a été sollicité par ces citoyens.

Le directeur de l'imprimerie nationale, DEBOCK.

Le délégué, A. ALAVOINE.

P. S. On ne doit pas ignorer que toute désobéissance aux

ordres de la Commune ou du Comité de salut public entraîne la peine capitale.

Les Archives étaient sauvées.

XLVIII.

L'Internationale, qui sait mieux que personne où il faut frapper pour porter à la France des coups mortels, écrivait il y a quelque temps de Londres à un membre influent de la Commune :

« Surtout, brûlez les GOBELINS ! »

Au point de vue des intérêts étrangers, dont pendant cette longue et cruelle lutte les ouvriers français ont été les instruments aussi violents qu'aveugles, la recommandation était bonne. Les Gobelins, en effet, ont une réputation universelle; il n'est, dans aucun pays, aucune fabrique qui ose se poser comme sa rivale : partout où se rencontrent ses produits, ils sont mis tout de suite hors de pair. Il leur suffit de se montrer pour vaincre. Que de raisons les autres n'ont-ils pas de les vouloir détruire! Mais aussi, que de raisons n'aurions-nous point, nous, de les vouloir sauver! Qu'importe? L'Internationale a parlé, il faut obéir. Voilà donc où devait nous amener cette peste démocratique! Elle condamne des Français à recevoir le mot d'ordre de Londres et de Berlin, à servir les basses jalousies ou les rancunes intéressées de nos rivaux..... A présent, l'on se demande si ces misérables sont ou plus odieux ou plus stupides!

Située dans un quartier perdu, aux rues mal percées, aux maisons mal bâties, auquel seule elle donne la vie, la manufacture des Gobelins, tour à tour royale, impériale ou nationale, offrait à ses visiteurs les plus belles tapisseries et les plus habiles ouvriers du monde.

Dès le quatorzième siècle, des drapiers et des teinturiers en laine s'étaient établis sur les bords de la petite rivière de Bièvre, dont on croyait l'eau particulièrement propre à la teinture. L'un d'eux, Jean Gobelin, réalisa une fortune considérable, et acheta de grands terrains dans le voisinage de son établissement. Son fils et ses petits-enfants perfectionnèrent son industrie, accrurent sa fortune, et devinrent si célèbres que tout le quartier porta bientôt leur nom : la petite rivière où ils trempaient leurs laines s'appela même la *rivière des Gobelins*. La famille devint si riche qu'elle rougit de son commerce, acheta une savonnette à vilain, fit souche de marquis, et grâce à la Brinvilliers, femme de l'un d'entre eux, obtint une seconde célébrité, qui ne valait certes pas la première!

A la famille des Gobelins succéda la famille Caneye, qui ne se borna point à la teinture, mais qui commença à fabriquer des tapisseries de haute lisse. Vers le milieu du dix-septième siècle, les Caneye furent, à leur tour, remplacés par un Hollandais du nom de Gluck, qui apporta en France cette magnifique teinture écarlate dite *à la hollandaise*, et qui obtint toutes sortes de concessions et de priviléges. Bientôt Colbert acquit les terrains sur lesquels s'élevait l'établissement de Gluck, y établit la fabrique actuelle, fit construire des logements pour les artistes, et même pour les plus habiles d'entre les ouvriers, groupa à l'entour des ateliers de bijouterie, d'horlogerie, d'ébénisterie, de sculpture et de marqueterie : en un mot, de cette réunion d'industries de luxe, toutes voisines de l'art, et qui s'inspiraient de lui, il forma une manufacture royale, dont il confia la direction au célèbre Charles Le Brun, premier peintre de Louis XIV. C'était là une grande idée, et cette sorte d'école normale de l'art industriel eut une incontestable influence sur toutes les industries qui s'appliquent à la décoration et à l'ameublement de nos intérieurs. Seulement, comme il arrive trop souvent dans les établissements de l'État — monarchiques ou républicains, — le *prix de revient* était si élevé que la manufacture royale ne faisait pas ses frais. En 1694, on fut obligé de fermer tous les ateliers accessoires, et les Gobelins se bornèrent aux grands tissages qui les avaient rendus si célèbres.

Comme fabrique de tapisseries, l'établissement des Gobelins, toujours bien dirigé, pourvu de l'outillage de toutes les industries secondaires qui en dépendent, fourni d'une équipe d'ouvriers qui valent des artistes, continua de produire des œuvres admirables, tapis de luxe au premier chef, tentures superbes, aussi fraîches et aussi éclatantes que les tableaux mêmes qu'elles imitent.

Les produits des Gobelins ne sortent point de la manufacture pour entrer dans le commerce.

On les donne en présent aux cours étrangères, aux ambassadeurs, aux églises, aux grands établissements publics, aux princes, et aux titulaires des hautes fonctions publiques.

On le voit de reste, il n'y avait rien là qui fût de nature à mériter l'indulgence ou la faveur de la Commune. Aussi, elle accorda assez aisément l'ordre d'incendie que demandaient les fortes têtes de Londres et de Berlin. Il paraît, d'ailleurs, qu'on ne discute point avec l'Internationale!

Le projet des incendiaires était de brûler tous les bâtiments, ainsi que les trésors et les merveilles qu'ils renferment. C'eût été la ruine complète d'un établissement unique au monde; mais ces messieurs n'aiment pas à faire les choses à demi!

Lorsque les incendiaires se présentèrent aux Gobelins, il ne s'y trouvait aucun représentant de l'autorité; à vrai dire, leur présence eût été fort inutile : il n'y a point à parlementer avec la violence et la brutalité. Quand on ne peut pas les écraser, il ne reste plus qu'à les subir!

Mais, ici encore, le bon grain s'est séparé de

l'ivraie. Les ouvriers des Gobelins, qui, je le disais tout à l'heure, sont pour la plupart de véritables artistes, ont eu l'intelligence de comprendre l'horreur du crime dont on eût voulu les rendre complices, et s'il ne leur a pas été possible de repousser complétement les émissaires de la Commune, ils n'ont rien négligé pour circonscrire et limiter le dommage apporté par eux. Ils ont fait, comme on dit, la part du feu. Hélas! cette part a été bien grande, puisque quatre-vingts mètres de bâtiments ont été dévorés. Cette portion considérable de notre ancienne manufacture comprenait :

1° La galerie ouverte au public;

2° Un atelier renfermant six métiers;

3° Trois salles renfermant des broches chargées de fils teints;

4° L'école de tapisserie;

5° Un atelier de peinture;

6° Une partie du magasin des plâtres destinés à l'enseignement du dessin.

Le désastre le plus irréparable, c'est la perte de la collection des tapisseries fabriquées depuis Louis XIV jusqu'à nos jours, dont quelques-unes étaient justement considérées comme des merveilles. Cependant, même dans cette série, on a eu la bonne fortune de sauver le portrait de Louis XIV d'après Rigault, qui passe pour un des chefs-d'œuvre de la fabrication des Gobelins, ainsi que le fameux *Christ mort*, d'après Philippe de Champaigne. La collection des modèles anciens a été sauvée, et l'atelier des teintures, ainsi que les tapisseries de la Savonnerie, réunie aux Gobelins en 1826, ont été également épargnées. Les bâtiments d'administration n'ont pas été brûlés non plus, et, depuis plusieurs jours déjà, le travail a repris dans la ruche industrieuse. L'Internationale aura la douleur de voir encore les admirables productions de nos arts industriels obtenir la première place dans toutes les expositions du monde.

*
* *
*

Les quartiers les plus lointains n'ont pas été plus à l'abri de la dévastation que le centre même de la capitale; seulement ils ont été attaqués un peu plus tard, à mesure que la Commune, qui s'était implantée au cœur même de Paris fut obligée de reculer devant l'armée victorieuse.

Ce fut le vendredi 26, quand déjà tout l'ouest de la ville était délivré, qu'une bande déléguée par le 242e bataillon fédéré fit irruption dans les ENTREPÔTS DE LA VILLETTE, siége de la grande administration désignée officiellement sous le nom de Compagnie des entrepôts et magasins généraux de Paris.

Ici, comme partout, les soldats de la Commune montrèrent une violence poussée jusqu'à la férocité. Après avoir forcé les portes, ils s'emparèrent de tous les employés, les malmenèrent, les battirent, en les menaçant de mort, si on essayait une ombre de résistance; puis ils exigèrent qu'on les conduisît dans les magasins et même dans les annexes que possède la Compagnie aux numéros 157 et 159 de la rue de Crimée. Ils enfoncèrent à coups de crosse de fusil les portes qu'on ne leur ouvrait pas assez vite.

Surpris par la vive attaque du 119e régiment de ligne qui débouchait à l'angle de la rue de Flandre, les communeux eurent encore assez de temps pour incendier. Ici encore, ils trouvèrent une complicité involontaire, mais funeste, dans la nature même des objets auxquels leur rage venait de s'attaquer. La flamme, en effet, s'en rendit maîtresse avec une sorte d'impétuosité à laquelle on dut comprendre tout d'abord qu'il serait difficile de s'opposer avec quelque succès. Ici on ne pouvait songer à faire la part du feu : il voulait tout !

On estime la perte à près de trente millions. Le vendredi soir, il ne restait plus debout que les murs à demi calcinés, dont chaque jour un pan s'écroule.

XLIX.

Les membres du Comité incendiaire ne se contentaient pas d'assurer la destruction des maisons, des palais, des églises et des monuments de toute sorte qui avaient encouru leur colère. Ils montraient parfois un raffinement de barbarie vraiment infernal. Plus d'une fois ils ont voulu contraindre les propriétaires à mettre eux-mêmes le feu à leurs maisons. Les deux concierges de la bibliothèque du Louvre ayant courageusement refusé d'obtempérer à cette odieuse sommation, furent enfermés par ces bandits dans la loge du palais, où ils devaient brûler vifs !

Au carrefour de la Croix-Rouge, entièrement détruit, les habitants furent contraints de quitter leurs maisons sans rien pouvoir emporter avec eux.

Un ordre signé Delescluze enjoignait aux incendiaires de distribuer aux partisans de la Commune tout ce que l'on trouverait dans les appartements que leurs maîtres étaient contraints d'abandonner. Le propriétaire d'un magasin de nouveautés, M. Chollet, a vu ainsi périr sous ses yeux, sans pouvoir même essayer un sauvetage qui peut-être était possible encore, à peu près tout son avoir. Au moment de sortir de chez lui, il retira de sa caisse cinquante mille francs en billets de banque, les enveloppa dans une chemise, et sortit avec cette suprême épave d'un naufrage complet.

« Que portez-vous là ? lui demande un fédéré qui surveillait les incendiaires.

— Une chemise pour changer ! répond le pauvre négociant, assez ému, on le comprend.

— On ne change pas de chemise aujourd'hui ! » riposte l'homme aux mains sales en haussant les épaules.

Et, arrachant la chemise que M. Chollet s'efforce en vain de retenir, il la rejette dans le brasier, où se consument avec elle les cinquante mille francs, dernier débris de la fortune d'un père de famille.

Le notaire qui occupait un des premiers numéros du boulevard Sébastopol, près de la rue de Rivoli, voyant les flammes dévorer sa maison et son étude, demande la permission de sauver au moins ses minutes !

« Non ! lui répond le délégué du Comité incendiaire, nous brûlons la maison pour brûler les titres ! »

Au petit théâtre des Délassements comiques, sur l'ancien boulevard du Prince-Eugène, dont on a fait le boulevard Voltaire, l'associé de M. de Jallais, M. Goëtchy, fut forcé, à quatre reprises différentes, le poignard ou le revolver sur la gorge, d'allumer le pétrole qui allait consumer son théâtre et consommer sa ruine. Cette ruine est aujourd'hui accomplie, et la modeste petite scène, gaie, animée, pimpante, où pour peu de chose on allait rire, n'est plus aujourd'hui qu'un amas de décombres.

*
* *
*

Les incendies ont été considérables dans le quartier de la Bastille, qui gardera longtemps, lui aussi, le souvenir de la Commune. On y voit sur les boulevards, sur les places, dans les rues, de grands trous noirs, indiquant le passage des fédérés. Ici, à l'angle du boulevard Beaumarchais et de la rue Saint-Antoine, c'est le café Gibé qui n'est plus ; tout à côté, c'est la brasserie des Phares de la Bastille également détruite.

On a aussi incendié la Direction des poudres, des salpêtres et de la capsulerie de guerre.

L'ensemble des immeubles connu sous le nom de cour d'Amoye, et toutes les maisons situées rue de la Roquette, entre la place et la rue Daval, ne sont plus qu'une ruine : une ruine aussi, sur le boulevard Mazas, le vaste et beau bâtiment qui contenait les bureaux de l'exploitation et de la traction du chemin de fer de Paris à Lyon. — En un mot, des ruines partout !

* * *
* *
* * *

On avait annoncé, avec une certaine solennité, que la COLONNE DE JUILLET, ce monument consacré à la Liberté, avait été détruit dans les dernières convulsions de la lutte. Nous devons avouer qu'un certain nombre de gens, ne se croyant pas plus mauvais citoyens pour cela, avaient pris assez aisément leur parti de ce malheur : ils voyaient là une sorte de revanche donnée par le hasard à la stupide et honteuse démolition de la colonne Vendôme, et ils se promettaient bien de ne pas souscrire quand il s'agirait de réédifier ce souvenir d'une émeute triomphante qui fut la mère de tant de révolutions successives qui ont accumulé chez nous tant de ruines !

Un peu plus tard, on assura que la colonne était toujours debout, mais que le génie de la Liberté avait été jeté violemment du haut en bas. On s'en consola, et quand on vint à songer à tous les crimes que depuis un siècle ce peuple trop nerveux commet au nom de la liberté, on se dit qu'en bonne conscience il ne fallait pas plus relever le génie de la révolte que celui du despotisme. On remplacerait celui-ci par la statue de la France, qui doit être également chère aux cœurs de tous ses enfants, et celui-là par la statue de la Justice, dont nos quartiers populaires n'ont, hélas! que trop souvent oublié les enseignements et les leçons.

Plus tard, quand la circulation nous fut rendue, et que nous pûmes savoir ce qu'il y avait de vrai dans tous ces récits un peu fantaisistes, nous apprîmes, en effet, qu'une quarantaine de niveleurs avaient essayé de faire sauter la colonne à l'aide de la mine, sous le prétexte qu'elle était trop haute et qu'elle humiliait les maisons voisines. Ce nouveau projet de nos modernes Vandales n'a pas même reçu un commencement d'exécution. La colonne est toujours debout, et le génie de la Liberté ouvre toujours ses ailes d'or au-dessus du dôme léger.

Élevée, comme on sait, en souvenir de ces trois journées de juillet, que l'on appela *glorieuses,* parce que toute une population se ruant sur une caserne massacra un certain nombre de gardes du corps, et contraignit à prendre pour la troisième fois la route de l'exil un vieux roi qui venait de redonner à nos armes le baptême du sang et de la victoire, la colonne de juillet, qui s'élève sur l'emplacement de cette vieille Bastille prise et détruite en 1789, a reçu un nombre considérable de balles, qui ont rayé son enveloppe de bronze, et une vingtaine d'obus qui l'ont quelque peu perforé ; le génie lui-même ne laisse pas que d'avoir été atteint, moins sévèrement pourtant qu'en 1848, où une troupe imbécile lui creva le ventre à coups de fusil. Le peuple de Paris est incontestablement le plus spirituel du monde…. mais il y a des jours où il s'oublie !

L.

Un gouffre béant, sombre, hideux, qui attriste la foule des passants, toujours si nombreuse dans cette région des boulevards, voilà tout ce qui reste du plus populaire peut-être de nos théâtres.

Avant moi vous avez nommé LA PORTE-SAINT-MARTIN.

Le 8 juin 1781, après une représentation de

Boulevard et Théâtre de la Porte Saint-Martin.

l'*Orphée* de Gluck, la salle de l'Opéra, qui était alors comprise dans l'enceinte du Palais Royal, fut, pour la seconde fois, détruite par le feu.

Elle avait déjà brûlé en 1763.

Danseurs et chanteurs émigrèrent aux Tuileries, où on les logea dans la salle des machines, qui n'existe plus aujourd'hui. Ils donnaient des représentations çà et là, sur les principales scènes de Paris. Ce fut alors que l'artiste Le Noir construisit pour eux, en moins de trois mois, près de la porte Saint-Martin, sur un terrain à lui, une salle *provisoire*, qui a duré quatre-vingt-dix ans, et qui durerait encore sans la stupide folie des gens de la Commune.

Cette grande et belle salle, qui s'appela tour à tour l'*Académie lyrique*, les *Jeux gymniques*, et enfin le *Théâtre de la Porte Saint-Martin*, eut, comme on voit, des destinées diverses, mais parfois brillantes : ce théâtre jeta surtout un grand éclat au moment de la révolution littéraire qui renouvela les lettres aux environs de 1830. Ce fut le Théâtre-Français des romantiques. Il était depuis passé aux Dennery, aux Meurice, aux Féval, aux Dugué, qui lui rendirent encore de beaux soirs.... et surtout de belles recettes.

Il partage aujourd'hui le sort du Théâtre-Lyrique et de ces petits Délassements dont nous parlions tout à l'heure. La Commune déclarait la guerre au plaisir aussi bien qu'à la vertu. Il y a des gens qui veulent que tout le monde vive; la Commune voulait que tout le monde mourût!

* * *

L'Hôtel des Postes avait aussi été condamné. L'on sait même le nom de celui qui devait exécuter l'ordre funeste qui le regardait. C'était un courtier en grains, du nom de Lacaille, — celui-là même que l'on avait délégué au commandement des Tuileries. Le directeur de ce temps-là, Theisz, qui avait à sa disposition un certain nombre d'hommes résolus, le reçut comme il méritait de l'être, c'est-à-dire en lui montrant la gueule de son revolver.

Lacaille comprit qu'il ne serait pas le plus fort, et il décampa. Mais comme il avait ses mèches prêtes et son pétrole disponible, il alla mettre le feu, dans la même rue, à la maison qui fait face aux Postes, maison dont la cave abritait en ce moment ses cinq petits enfants! Donnons à la conscience publique la satisfaction d'apprendre que ce monstre fut pris et fusillé le lendemain.

LI.

Nous venons de suivre à la trace l'Internationale et la Commune à travers les ruines de Paris en flammes ; nous avons vu ce que peut le génie du mal, déchaîné sur une ville sans défense. Disons maintenant que la grandeur du dévouement s'est égalée à celle du malheur. Officiers, soldats, citoyens, femmes même, dans le grand parti de l'ordre tout le monde a fait son devoir. Et ce n'est pas Paris seul qui a lutté courageusement contre le fléau.

Ni la province ni l'étranger ne nous ont abandonnés dans cette guerre contre nous et le plus terrible des fléaux. Gand, Bruxelles et Anvers se sont mis à notre disposition avec un empressement tout fraternel, et si les pompes de Londres n'ont pas quitté la capitale de l'Angleterre, l'habile et intelligent officier qui d'ordinaire les dirige, M. Chaw, est venu s'offrir à son confrère de Paris en qualité de simple volontaire.

Quant aux pompiers de France, l'œil attaché sur Paris en flammes, ils n'attendaient qu'un ordre, qu'un signe, pour, de toutes parts, s'élancer à notre secours. Les départements voisins ont tous rivalisé de zèle et d'ardeur. L'Eure, l'Eure-et-Loir, la Seine-Inférieure, Seine-et-Marne, Seine-et-Oise, sans parler de la banlieue tout entière, nous ont envoyé leurs escouades intrépides, qui se sont immédiatement placées sous les ordres du colonel Willermé, pour seconder les efforts de ceux d'entre les nôtres que la corruption de la Commune n'avait pu parvenir à changer en incendiaires. Grâce à ces concours généreux, grâce à cette initiative intelligente et prompte, grâce à ce dévouement que rien n'a pu déconcerter, décourager ni lasser, l'incendie a été combattu partout, vaincu en de certains quartiers, prévenu dans les autres, et là même où déjà il s'était tellement établi en maître qu'il n'était plus possible de l'éteindre, on est parvenu du moins à le circonscrire, à l'enfermer, à l'emprisonner en quelque sorte, de telle façon qu'il a dû se contenter de la part qu'on lui faisait. Nous avons donc, dans notre malheur même, cette dernière consolation que nos désastres auraient pu être cent fois, mille fois plus grands, et qu'il nous faut encore remercier la main qui nous a épargnés — tout en nous châtiant.

Nous venons de suivre la voie douloureuse. Nous avons parcouru la ville désolée, en comptant nos stations par ses ruines. Nous avons vu ses palais en flammes, ses temples profanés, ses maisons écroulées, et nous avons pu dire avec le Prophète :

« Les murs de Sion mènent le deuil ! »

Est-ce bien tout ?

Non ! Jusqu'ici nous n'avons vu que la moitié de nos malheurs, et ceux que nous avons à raconter maintenant sont plus douloureux encore. Les monuments se relèvent ; mais la vie est sacrée, parce qu'il n'est donné à personne de rouvrir les portes du tombeau qui viennent de se fermer sur une créature humaine.

La Commune n'a pas seulement volé, pillé et brûlé ; elle a fait pis : elle a tué. Elle a beaucoup tué !

C'est une bien lamentable histoire que celle de ces grandes victimes connues sous le nom d'otages. Les otages de la Commune auront leur légende dans l'avenir, et l'on se rappellera en la lisant les plus mauvais jours de cette troisième république, dont les annales pourraient s'écrire avec du sang.

La haine, la jalousie, la cupidité, une envie basse, des instincts cruels, un simple caprice, en un mot les plus misérables ou les plus viles passions, ont un moment disposé de la vie des hommes. Sans jugement, sans garantie d'aucune sorte, sans la moindre de ces formes judiciaires qui sont la sauvegarde des accusés et l'honneur des nations civilisées, le premier venu, un coquin, Delescluze, Pyat ou Rigault, après boire, au sortir d'une orgie, entre deux hoquets ou deux baisers, pouvait d'un mot, d'un signe, faire prendre le plus honnête homme, — ton père ou le mien, lecteur, — et le jeter dans un de ces cachots qui n'étaient plus que les antichambres de la mort. Ces hypocrites n'avaient brûlé la guillotine que pour la remplacer par la fusillade ou le bûcher. La guillotine, c'était bien lent pour des gens qui voulaient offrir à leur Liberté une hécatombe de trois cent mille citoyens !

Déroulons avec un pieux et tendre respect la funèbre liste de ceux qui sont morts, et ne les laissons pas, sans une larme, sans un adieu, sombrer dans l'oubli éternel.

L'immolation des Frères Prêcheurs, plus connus sous le nom de *Dominicains*, eut quelque chose de particulièrement terrible et aussi de particulièrement touchant; car, dans ces massacres des gens de bien, et surtout des saints, l'attitude et les actes de ceux qui meurent font, avec la conduite de ceux qui tuent, le plus magnifique et le plus sublime contraste.

Rétablis et institués en France par le plus illustre d'entre eux, après plusieurs siècles d'exil, les Dominicains, à qui la chaire française doit Lacordaire, Souaillard, Didon, Monsabré et tant d'autres voix éloquentes, se vouaient aussi à l'éducation de la jeunesse; dans leur établissement d'Arcueil, connu sous le vocable d'Albert le Grand, ils s'essayaient à faire ce qui nous manque le plus, — des hommes. Mais la Commune ne voulait pas d'hommes : elle n'avait besoin que d'esclaves.

Deux jours avant l'entrée des troupes fidèles dans Paris, les fédérés s'étaient présentés à la porte de l'établissement d'Arcueil, où les moines vivent en communauté, faisant le bien, prêchant le peuple, instruisant les enfants, et travaillant, comme les ouvriers du ciel, à cette régénération de l'avenir par la jeunesse qui seule peut sauver la France.

Mais ici, je veux laisser la parole à l'un d'eux, miraculeusement échappé à ses bourreaux.

Quel récit vaudra jamais l'accent et l'émotion de l'homme qui peut dire :

J'en étais et j'ai vu !

« Le vendredi 19 mai, un membre de la Commune, suivi du gouverneur de Bicêtre et du sieur Cerisier à la tête du 101e bataillon fédéré, s'est présenté à l'école Albert le Grand, vers quatre heures et demie du soir, et nous a tous emmenés : les religieuses à la préfecture de police, et plus tard à Saint-Lazare ; les Pères dominicains, les professeurs et les domestiques du collége, au fort de Bicêtre, où l'on nous a jetés dans une casemate, après nous avoir dépouillés de tout, et même de nos bréviaires.

Jeudi dernier, 25 mai, vers huit heures du matin, au moment où la garnison quittait le fort en toute hâte, un officier est venu nous dire : « Vous êtes libres ! seulement, nous ne pouvons vous laisser entre les mains des Versaillais ; il faut nous suivre aux Gobelins ; ensuite, vous irez dans Paris où bon vous semblera. »

Le trajet fut long et pénible, des menaces de mort étaient à tout instant proférées contre nous par la populace. Arrivés à la mairie des Gobelins, on ne veut plus nous laisser libres. « Les rues ne sont pas sûres, nous dit-on, vous seriez massacrés par le peuple. » D'abord on nous fait asseoir dans la cour intérieure de la mairie, où pleuvaient les obus ; puis un nouvel officier arrive et nous mène à la prison disciplinaire du secteur, avenue d'Italie, 38. Dans l'avenue, nous apercevons le 101e avec son chef, le sieur Cerisier : nous étions ses prisonniers.

Vers deux heures et demie, un homme en chemise rouge ouvre fréquemment la porte de la salle où nous étions enfermés et nous dit : « Soutanes, levez-vous, on va vous conduire aux barricades. » Nous sortons. A la barricade, les balles pleuvaient avec une telle intensité que les insurgés l'abandonnèrent.

On nous ramène à la prison disciplinaire, sur l'ordre du colonel Cerisier. Nous nous confessons une dernière fois, et le Père prieur nous exhorte tous à bien mourir.

A quatre heures et demie environ, nouvel ordre du sieur Cerisier. Cette fois nous partons tous : — Pères, professeurs et domestiques, — entourés par des gardes du 101e qui chargent devant nous leurs armes. A la porte extérieure de la prison, le chef du détachement nous crie :

« Sortez un à un dans la rue! »

Puis le massacre commence. J'entends le Père prieur dire. »

« Allons, mes amis, pour le bon Dieu ! »

Et c'est tout.

J'ai survécu, avec quelques professeurs et domestiques, à cette épouvantable fusillade. Une balle avait traversé mon pardessus sans m'atteindre. Grâce à elle, je pus me jeter dans une maison ouverte sans être vu. Là, une femme me fit prendre à la hâte les vêtements de son mari, et je restai chez elle jusqu'au moment où arrivèrent les soldats du 113ᵉ de ligne, qui me reçurent dans leurs rangs avec le plus grand empressement. Un chef de bataillon, dont je regrette de ne pas savoir le nom, me donna même un sergent et quelques hommes pour aller reconnaître nos chères victimes.

Vous savez le reste. Nous n'avions pas retrouvé le corps du Père Captier, prieur de l'école Albert le Grand, et je conservais l'espoir qu'il aurait pu, comme moi, se sauver.

Hélas! lui aussi, une des plus belles et des plus nobles intelligences de son temps, il était massacré.

Je n'en pouvais plus. Hier un des survivants, M. Résilliot, accompagné d'un jeune homme, M. Barally, qui nous avait offert ses services avec le plus louable empressement, se rendit aux Gobelins pour réclamer les corps recueillis la veille par les bons Frères des écoles; là, ils trouvèrent M. le maire et M. le curé d'Arcueil, déjà prévenus, ainsi que l'abbé Delare, aumônier de l'hospice Cochin.

Les corps (douze en tout) furent transportés, dans la soirée, à l'école Albert le Grand, par permission expresse du maréchal Mac-Mahon. »

LII.

L'assassinat de Gustave Chaudey nous présente une autre forme du crime. Nous avons vu le meurtre anonyme, pour ainsi parler, le meurtre par la foule stupide, animée des sentiments qu'on lui inspire, nous verrons maintenant le meurtre commis froidement par un scélérat qui veut satisfaire sa haine personnelle et sa propre rancune.

La mort de Chaudey produisit dans la ville entière je ne sais quelle sinistre impression. Ce ne fut pas seulement l'indignation que l'on ressentit : je ne sais quelle crainte s'y mêla. Chacun fit un involontaire retour sur soi-même, et l'on se dit :

— Si celui-là est frappé, qui donc à présent peut se croire en sûreté ?

C'est qu'en effet la Commune n'avait rien à reprocher au rédacteur du *Siècle*, à l'exécuteur testamentaire de Proudhon, au républicain d'une nuance assez vive qui avait énergiquement combattu l'Empire. Mais Rigault le détestait, et il l'avait fait dénoncer par le *Père Duchêne*. Vermesch ne lavera pas ses mains de ce sang innocent.

Nous nous trouvions par hasard au *Siècle*, occupé à corriger les épreuves du dernier feuilleton de Léon Gozlan, quand un garçon de bureau, tout effaré, vint avertir notre confrère que deux agents de la Commune se présentaient pour l'arrêter. On lui offrit de se dérober par une porte secrète.

« Pourquoi fuirais-je », dit-il, puisque je suis innocent?

Le pauvre garçon avait la naïveté de croire qu'on pèse le crime ou l'innocence dans la balance de la justice révolutionnaire.

Un grand diable coiffé d'un chapeau à plumes, qu'attendaient cinq ou six drôles à la porte de la rue Chauchat, l'emmena rapidement. Il me semble que je les vois encore partir tous ensemble.

« Je reviendrai bientôt! » dit Gustave Chaudey en nous saluant du sourire et de la main.

Pendant que ceux-là se chargeaient de sa personne, les autres allaient voler son argent chez sa femme.

On l'enferma à Sainte-Pélagie, d'où nos efforts à tous ne purent jamais le faire sortir.

Plusieurs fois, dans les séances de la Commune, Beslay, son ami, et Courbet, son client, essayèrent d'élever la voix afin de le faire élargir. Peine perdue. Raoul Rigault, inébranlable dans sa haine, répétait à chaque instant : « Le *Père Duchêne* a raison, je ne ferai que mon devoir en faisant fusiller le misérable Gustave Chaudey. »

Rigault est le véritable auteur de sa mort.

Le 23 mai, vers onze heures du soir, nous dit un de ses amis, le procureur de la Commune pénétrait brusquement dans la cellule occupée par Gustave Chaudey à Sainte-Pélagie.

« Eh bien! lui dit-il, c'est pour aujourd'hui….. maintenant….. tout de suite! »

Après le premier moment de surprise :

« Vous savez bien que je n'ai fait que mon devoir, répliqua Chaudey. Vous venez me tuer sans mandat, sans jugement. Ce n'est pas une exécution, c'est un assassinat. »

Les injures de Raoul Rigault lui coupèrent la parole. Chaudey fut entraîné au greffe.

Là, pendant que Rigault faisait requérir un peloton de fédérés, quelques paroles furent encore échangées entre la victime et le bourreau. Chaudey se souvint qu'il était mari et père.

« Rigault, dit-il, j'ai une femme et un enfant; vous le savez! »

Rigault le savait, car il avait insulté la femme et l'enfant.

Devant cette ivresse du crime, Chaudey n'avait plus qu'à se résigner en homme; il se laissa conduire dans un chemin de ronde voisin de la chapelle.

Là, dans un coin, à la lueur d'une lanterne accrochée au mur et d'une autre lanterne portée par le surveillant Berthier, le cortége s'arrêta.

Soit à dessein, soit par hasard, les anciens employés de la prison, mal vus eux-mêmes et destinés, paraît-il, à une prochaine exécution, étaient presque tous de sortie ce soir-là. Rigault n'avait avec lui que des affiliés de la Commune, le greffier

Clément, le brigadier Gentil; puis un escroc, un ami, le détenu Préau de Védel, volontaire de l'assassinat; puis enfin le peloton d'exécution.....

Vermesch, qui avait dénoncé Chaudey dans le *Père Duchêne*, Pilotel, qui l'avait arrêté après l'avoir volé, manquaient au rendez-vous.

Les fédérés avaient l'air d'hésiter; Rigault, la menace à la bouche, tira son épée et commanda le feu. Les hommes tirèrent trop haut et Chaudey ne fut blessé qu'au bras.

Deux coups de feu du greffier Clément le renversèrent.

Il tomba en criant : Vive la république!

Le brigadier Gentil, un lecteur de Vermesch, s'élança vers lui en vociférant : Je vais t'en f..... de la république!

Et, d'un coup de pistolet, *il lui fit sauter la g.....*, comme il s'en vanta gaiement le lendemain, en s'applaudissant d'avoir étrenné son revolver.

Le détenu Préau de Védel vint le dernier et déchargea son pistolet dans la tête de cet honnête homme, qui mourait en affirmant cette république au nom de laquelle on l'assassinait.

Trois pauvres gendarmes succédèrent à Gustave Chaudey. Ils cherchèrent à s'échapper par les chemins de ronde; on les poursuivit, on les traqua, on les ramena à la mort. On en fit une vraie chasse à l'homme, selon le récit du brigadier Gentil, qui, le lendemain, raconta ces détails à ses camarades.

Le mari de la lingère, qui assistait de sa fenêtre à ce spectacle, offrit de descendre pour donner un coup de main.

Le vol suivit l'assassinat : le corps de Gustave Chaudey fut dépouillé des quelques objets qui pouvaient tenter la cupidité de ses meurtriers.

Quelques instants plus tard, le directeur de la Pitié recueillait pieusement les malheureuses victimes, et Raoul Rigault partait pour la prison de la Santé, afin, disait-il, d'y continuer sa besogne.

LIII.

Parmi toutes les mesures que prenait chaque jour la Commune, au mépris des droits les plus imprescriptibles et les plus sacrés, il en est surtout deux que l'histoire et la conscience humaine flétriront, comme des attentats à la liberté personnelle et à la liberté morale. Je veux parler du décret contre les réfractaires, et du décret contre les otages.

Contraindre des hommes libres, — des citoyens, — à porter les armes contre le pouvoir qu'ils respectaient, et à défendre une usurpation abhorrée, ce fut un crime que frappa une réprobation universelle.

Mais il y eut peut-être dans les âmes une indignation plus profonde encore et plus vive, quand on apprit l'arrestation d'hommes aussi respectables par leur caractère que par leur position sociale, et auxquels on n'avait à reprocher ni un acte ni une parole hostiles.

Ils subissaient silencieusement, comme nous tous, la plus épouvantable des oppressions..... mais rien dans leur conduite prudente et réservée n'avait motivé la violation du droit dont ils furent l'objet.

Cependant, à partir du jour où ils se virent les maîtres de Paris, les membres de la Commune prévoyant bien que le moment viendrait où ils auraient à rendre compte de leurs forfaits, ne songèrent plus qu'à prendre leurs sûretés, et ils s'imaginèrent qu'en remplissant des hommes les plus justement honorés du parti de l'ordre les prisons dont ils venaient d'ouvrir la porte aux faussaires, aux voleurs et aux assassins, ils pourraient peut-être imposer à leurs vainqueurs des conditions plus favorables; ils pratiquèrent sur une large échelle ce système d'arrestations qui mit entre leurs mains des hommes de tous les mondes, prélats et religieux, magistrats et prêtres, avocats ou hommes politiques, moines ou banquiers, et jusqu'à de simples soldats, — car tout était bon à ceux qui voulaient pouvoir donner impunément la mort, et qui se promettaient, s'il ne leur était pas permis de se racheter eux-mêmes, d'entraîner avec eux des victimes sans nombre.

Ces otages, on les mettait un peu partout. Les

prisons en regorgeaient. Nous avons vu Chaudey à Sainte-Pélagie ; d'autres, en assez grand nombre, furent écroués au dépôt de la Préfecture de police, où l'on essaya de les brûler vifs, quand arriva l'heure suprême de la défaite. Mais les plus importants et les plus considérables d'entre eux furent conduits à Mazas, — cette prison modèle, d'où jamais aucun captif ne s'est évadé. — Ils y restèrent jusqu'au dernier jour, et ils ne la quittèrent que pour la prison de la Roquette — et pour la mort.

Parmi ceux-là se trouvaient Mgr Darboy, Mgr Surat, M. Bonjean, M. l'abbé Deguerry, M. l'abbé Sabatier.

Si la Commune et la tourbe immonde qui l'entourait avaient obéi seulement à une pensée politique ; si ces grands coupables n'eussent cherché qu'à se ménager une impunité qu'ils méritaient si peu, ils auraient pu, en effet, la chercher dans la possession des otages ; mais, une fois maîtres d'eux, et après les avoir mis dans l'impossibilité de fuir, ils auraient dû les entourer d'égards, leur donner dans leur prison une somme de liberté relative, adoucir un malheur immérité, en un mot, les traiter en hommes et non point en scélérats. Tout leur imposait cette conduite comme un devoir. Mais, cédant aux instincts de leur nature basse, haineuse et cruelle, heureux de faire le mal pour le mal, ils ne songèrent qu'à rendre plus pénible encore la position déjà si cruelle de ces nobles victimes. Pour elles l'emprisonnement fut aussi étroit que pour les plus vils scélérats. Il fut même plus sévère, car on ne leur permit aucune communication avec le dehors, et comme si à ce qu'elles souffraient déjà on eût voulu ajouter encore des souffrances nouvelles, on les tortura chaque jour par des récits mensongers. On se plaisait à les faire trembler sur le sort de ceux qui leur étaient chers, et, avant de leur donner la mort, on leur en fit cent fois passer l'image sous les yeux. Ces raffinements de cruauté, dignes des tourmenteurs d'un autre âge, eurent une sorte de redoublement quand les hommes du 18 mars sentirent que la victoire allait leur échapper. C'était chaque jour quelque vexation nouvelle.

Le lendemain de l'entrée des troupes dans Paris, on avertit l'archevêque, M. Bonjean et la plupart des ecclésiastiques qui se trouvaient comme eux détenus à Mazas, qu'ils eussent à se préparer à quitter leurs cellules. Leurs gardiens leur laissèrent à entendre que leur dernière heure était arrivée.

A peine les prisonniers furent-ils montés dans les voitures à claire-voie qui devaient servir à leur transfert, qu'une foule ivre de vin, affolée de carnage et avide de meurtre, commença à proférer les plus horribles menaces. Les cris : A mort! à mort! retentissaient de tous côtés.

Ce fut dans ces lamentables conditions que s'opéra le trajet de Mazas à la Roquette. Les martyrs étaient résignés d'avance : ils ne firent entendre ni une plainte ni un murmure.

La journée du lendemain fut assez paisible. La plupart des employés de la Roquette appartenaient à l'ancienne administration. Ce n'étaient point des fédérés : c'étaient d'honnêtes gens. Ils se montrèrent pour leurs prisonniers pleins de respect et d'égards : ils leur permirent de communiquer entre eux pendant une récréation de près de deux heures, qui fut pour eux comme un entretien suprême.

Le soir du même jour, mercredi 24 mai, à huit heures moins un quart, le délégué à la sûreté générale Ferré se présente dans la 4e division de la prison, suivi de deux brigadiers et du directeur ; des gardes nationaux étaient échelonnés dans l'escalier de ronde.

« Il nous manque six des nôtres, dit Ferré en parlant des membres de la Commune déjà fusillés par les soldats ; il nous en faut six... »

Le livre d'écrou à la main, il choisit lui-même les six otages qu'il va bientôt immoler.

Mgr Darboy occupait la cellule n° 21 de la 4e division. La cellule occupée par le respectable prélat était autrefois le cabinet d'un surveillant. Ses compagnons de captivité étaient parvenus à lui procurer une table et une chaise. La cellule était elle-même plus vaste que les autres.

Le mercredi 24 mai, à sept heures et demie du soir, le directeur de la prison, un certain Lefrançais, homonyme du membre de la Commune, et ayant séjourné six années au bagne, monta à la tête de cinquante fédérés, parmi lesquels se trouvait un pompier, et occupa la galerie dans laquelle étaient enfermés les prisonniers principaux. Ces fédérés se rangèrent dans la galerie qui conduit au chemin de ronde du nord, et, peu d'instants après, un brigadier de surveillants alla ouvrir la cellule de l'archevêque et l'appela à voix basse. Le prélat répondit : *Présent !*

Il sortit ensuite, en prononçant ces mots :

« La justice des tyrans est bien lente à venir ! »

A ce moment, Lefrançais se dirigea vers la cellule de M. le président Bonjean et l'appela aussi.

Puis ce fut le tour de M. l'abbé Allard, membre de la Société internationale de secours aux blessés; puis vinrent le Père Ducoudray, supérieur de l'école Sainte-Geneviève, et le Père Clerc, de la Compagnie de Jésus. Le dernier appelé fut M. l'abbé Deguerry, curé de l'église de la Madeleine.

A peine le nom de chacun d'eux était-il prononcé, qu'il était amené dans la galerie, d'où il se dirigeait vers l'escalier conduisant au chemin de ronde... Il fallait, pour s'y rendre, traverser une double haie de fédérés, vomissant l'injure contre ceux qu'ils allaient assassiner. Au bas de l'escalier, les victimes se rencontrèrent, se reconnurent et s'embrassèrent. On les laissa s'entretenir un instant.

Bientôt elles marchèrent au supplice.

M. Allard était à la tête de la petite troupe, les mains jointes, dans une attitude de prière; puis venait Mgr Darboy, donnant le bras à M. Bonjean, et derrière, le vieillard vénéré que nous connaissons tous, M. Deguerry, soutenu par le Père Ducoudray et le Père Clerc.

Les fédérés, l'arme chargée, accompagnaient en désordre. Parmi eux, se trouvaient deux vengeurs de la République; çà et là, des gardiens tenant des fallots, car la soirée était fort avancée; on marchait entre de hautes murailles, et le ciel couvert de nuages était assombri encore par la fumée des incendies qui brûlaient dans Paris. Le cortége arriva ainsi dans le second chemin extérieur de ronde, sur le lieu choisi pour l'exécution.

Le peloton d'exécution les attendait.

On les fit adosser contre le même mur, en ligne.

L'archevêque s'avança, et s'adressant à ses assassins, il leur fit entendre quelques paroles de pardon; deux de ces hommes s'approchèrent du prélat, et, comme le bon larron à la droite du divin Crucifié, touchés de la grâce en cet instant suprême, devant leurs camarades, ils s'agenouillèrent et implorèrent son pardon; les autres fédérés se précipitèrent vers eux et les repoussèrent en les insultant; puis, se retournant vers les prisonniers, ils leur adressèrent de nouvelles injures. Le commandant du détachement en fut outré. Il imposa silence à ces hommes, et après avoir lancé un épouvantable juron..... « Vous êtes ici, dit-il, pour fusiller ces gens-là, et non pas pour les eng....... Les fédérés se turent, et sur le commandement de leur lieutenant, ils chargèrent leurs armes.

Les six prisonniers étaient calmes, courageux et dignes : l'homme de bien sait toujours mourir.

A quelques secondes d'intervalle deux feux de peloton se firent entendre.

Les martyrs tombèrent.

Puis ensuite on entendit des décharges isolées, dirigées contre ceux qui donnaient encore quelques signes de vie.

Mal frappé, et doué d'une grande force nerveuse, M. Bonjean se redressa.

« — Tiens! ce vieux! as-tu vu comme il s'est relevé? Il a fallu qu'on l'achevât! » dit un des assassins à son camarade, comme tous deux revenaient du crime.

Le peloton d'exécution était commandé par un homme en blouse, de taille moyenne, maigre et nerveux, d'une physionomie froide, implacablement dure, qui semblait âgé d'environ trente-cinq ans. Il s'appelait Virigg, — nom étranger, — et commandait une compagnie du 180e bataillon. Ce fut lui qui, après le feu du peloton, acheva de sa main Mgr l'archevêque.

Dans la nuit du 24 au 25, les corps de ces six premières victimes arrivaient, sur les trois heures du matin, au cimetière du Père Lachaise. Ils furent jetés sans suaire et sans cercueil à l'extrémité d'une tranchée ouverte à l'angle sud-est du cimetière, et enfouis pêle-mêle.

Ce fut seulement le dimanche suivant, dans la matinée, que l'on put, quand les soldats se furent emparés du cimetière, pratiquer les premières fouilles pour retirer les corps. On les retrouva sous un mètre cinquante de terre toute détrempée par les pluies des jours précédents; ils furent déposés dans des cercueils de bois blanc.

Le corps de l'archevêque était revêtu d'une soutane violette, toute lacérée; il était dépouillé de ses insignes ordinaires : ni croix pectorale, ni anneau épiscopal; son chapeau avait été jeté à côté de lui dans la terre; le gland d'or avait disparu. La tête avait été épargnée par les balles; plusieurs phalanges des doigts étaient brisées.

Les corps de M. Bonjean, du Père Ducoudray et des autres victimes portaient des traces de traitements odieux; le premier avait les jambes brisées en plusieurs endroits; le second avait la partie droite du crâne absolument broyée.

*
* *
*

Avec Mgr Darboy disparaît une des grandes et belles figures de l'épiscopat français au dix-neuvième siècle. Prêtre, il aimait la France et la servait ; évêque, il aimait aussi la liberté, la revendiquait pour lui et la respectait chez les autres. Il parlait bien ; il écrivait mieux encore. Personne ne fut plus que lui digne de l'amitié et fidèle à ses affections.

Nous avions eu l'honneur d'écrire, en collaboration avec lui, Alexandre Dumas, Arsène Houssaye et Théophile Gauthier, un livre que publia Morizot, son ami bien plus encore que son éditeur. Hélas ! de ce groupe de six, trois sont déjà partis, enlevés à quelques mois les uns des autres, nous laissant à nous, moins digne, le soin triste et pieux de les louer.

*
* *

L'abbé Deguerry était particulièrement sympathique à tous ceux qui avaient l'honneur de l'approcher.

C'était un grand et beau vieillard, à la physionomie franche, ouverte, spirituelle et vive, un peu haute en couleur, avec un grand front bien coupé, couronné d'une chevelure argentée, flottante, ou plutôt voltigeante, tant elle semblait aérienne et légère. Il avait le cœur d'un apôtre et le tact d'un homme du monde. Personne ne savait mieux que lui ce qu'il fallait dire à tous et à chacun, et il eut cette rare fortune d'être également apprécié dans le quartier populaire des Halles, où il fut curé de Saint-Eustache, et dans le centre aristocratique de la rue Royale et du boulevard Malesherbes, lorsqu'il fut curé de la Madeleine. Sans être un orateur de premier ordre, sans avoir ce grand vol de Lacordaire effleurant tous les sommets, cette onction et cette pureté dignes de Fénelon qui distinguèrent Ravignan ; sans s'abandonner aux élans si voisins du sublime que l'on admirait chez le Père Hyacinthe; sans prétendre à la puissante dialectique du Père Félix, il était doué pourtant d'une éloquence naturelle incontestable..C'était, si j'ose dire, une éloquence de tempérament, et qui venait de la chaleur même du sang. Ses discours étaient remplis de ces mots qui viennent du cœur, qu'on aime à se rappeler et qu'on cite. Sa charité fut grande, inépuisable. Aimé des riches, il adorait les pauvres. A plusieurs reprises il s'était dérobé aux honneurs de l'épiscopat. Une fois pourtant, il accepta l'évêché de Marseille; mais, quelques heures après, il redemanda la parole donnée.

« Non, dit-il, en remuant doucement sa tête vénérable, je suis à la Madeleine, j'y resterai..... j'y mourrai..... et j'y serai enterré ! »

L'abbé Deguerry avait reçu d'atroces blessures. Son poignet gauche avait été brisé par deux balles, son crâne enlevé entièrement; la poitrine, horriblement trouée, était remplie d'un épanchement sanglant... tout embaumement et toute exposition étaient impossibles. La dépouille mortelle a été enfermée dans un double cercueil de chêne et portée dans sa chère église, où elle a bientôt disparu sous une pluie de fleurs. Le catafalque a été incessamment entouré d'une foule pieuse, vivement impressionnée. Parfois on entendait un sanglot : souvent les larmes interrompaient la prière.

* * *
* * *
* *

Parmi ces pures et nobles victimes, avec ces prêtres, les vertueux martyrs du devoir, il s'est trouvé un grand citoyen, dont la mémoire ne saurait être trop honorée.

Il avait été sénateur sous l'Empire; mais il avait fait entrer avec lui les idées libérales au Sénat, qui ne les connut guère. Doyen des présidents de la Cour de cassation, au lieu de fuir un poste d'honneur qui était aussi un poste de danger, il revint, au contraire, s'enfermer le 20 mars dans la ville que tant d'autres quittaient, et il alla s'asseoir sur son siége, qu'entouraient déjà les baïonnettes des fédérés.

Le lendemain, en effet, au moment où il rentrait de l'audience de la chambre des requêtes, qu'il avait présidée selon son habitude, M. Bonjean fut arrêté chez lui, conduit à la Préfecture de police, puis au dépôt, puis à Mazas, sans avoir jamais pu connaître les motifs de son arrestation..... Les motifs, il n'y en avait point ! La Commune voulait des otages qui pussent assurer dans l'avenir l'impunité à ses crimes. Elle prenait au hasard, en ayant soin toutefois de prendre les meilleurs parmi les bons.

Nous ne dirons pas que M. le président Bonjean est mort avec courage. Nous ne dirions rien qui ne s'appliquât à tous ces grands cœurs. Il a fait plus et il a fait mieux : il est mort avec calme, avec sérénité, et si dans un tel moment je ne craignais pas de me servir d'un tel mot, je dirais presque avec gaieté,..... avec cette gaieté qui vient de l'âme paisible, sûre d'elle-même, et qui est comme la récompense terrestre de la vertu des honnêtes gens. Un de ceux qui devaient être son compagnon de supplice comme il avait été son compagnon de captivité, un prêtre l'a dit :

« Ce magistrat, bon chrétien et honnête homme, était celui de nous tous qui craignait le moins la mort : c'était lui qui nous consolait, qui nous rassurait, qui nous raffermissait. »

Ces grands et nobles sentiments, dignes d'une âme antique, M. Bonjean les a fait revivre dans une lettre que la beauté de la forme aussi bien que l'élévation des sentiments doivent sauver de l'oubli.

« Mon cher enfant, disait-il à un ami plus jeune, ce que j'ai fait je le referais encore, quelque douloureuses qu'en aient été les conséquences pour ma famille tant aimée. C'est que, voyez-vous, à faire

son devoir il y a une satisfaction intérieure qui permet de supporter avec patience, et même avec une certaine suavité, les plus amères douleurs. C'est le mot du Sermon sur la montagne, dont je n'avais jamais si bien compris la sublime philosophie :
« Heureux ceux qui souffrent la persécution pour la justice ! »

» C'est la même pensée exprimée par Sydney sous une autre forme, quand, s'étant pris à rire en descendant l'escalier de la Tour pour porter sa tête sur l'échafaud, il répondit à ses amis étonnés de cet accès de gaieté dans un pareil moment :

« Mes amis, il faut faire son devoir, et rester gai jusqu'à l'échafaud inclusivement. »

Ce que Sydney a dit, M. Bonjean l'a fait : il pratiquait ses maximes !

Et voilà les hommes qu'ils tuaient !

LIV.

Le second massacre des otages eut lieu le surlendemain vendredi, à Belleville, dans une cité que l'on appelle la *cité de Vincennes*.

Il comprenait quatorze ecclésiastiques et trente-six gardes de Paris.

On les avait fait sortir le jeudi soir de la prison de la Roquette, pour les conduire dans ce camp infâme de la révolte qui s'appelle Belleville.

On ne sait dans quel lieu les malheureux passèrent la nuit du jeudi au vendredi et la première partie du lendemain. Nous retrouvons leurs traces seulement vers six heures du soir. Les habitants de la rue de Paris les virent à ce moment défiler, au nombre de cinquante. Ils étaient précédés de tambours et de clairons qui rhythmaient une marche bruyante; une troupe de gardes nationaux les entourait.

Ces fédérés appartenaient à divers bataillons, principalement du cinquième et du onzième arrondissement. Il y avait aussi parmi eux un certain nombre de ces bandits que l'on désignait sous le nom d'Enfants perdus de Bergeret. Parmi ces hommes sinistres, c'était une troupe plus sinistre encore. Ils ajoutaient un élément de scélératesse plus intense à la scélératesse des fédérés. C'est à eux que revient le rôle principal, et par conséquent le plus odieux, dans ce nouvel assassinat.

Au milieu des huées et des insultes de la foule, la troupe condamnée monta la rue de Paris. Les femmes, comme il arrive trop souvent dans ces tristes convulsions de la vie publique, se faisaient remarquer par la violence de leurs injures et l'exaltation de leur haine. Ce sera l'éternelle honte de cette révolution d'en bas, d'avoir flétri la femme et corrompu l'enfant, en faisant d'eux ses complices dégradés.

On avait divisé les otages en trois groupes. En tête marchaient un certain nombre de gardes de

Paris, après lesquels venaient les prêtres ; le reste des gardes fermait la marche.

On arriva enfin à l'extrémité de la rue de Paris.

Ceux qui conduisaient le cortége parurent hésiter un moment. On tourna bientôt à droite, et l'on pénétra dans la rue Haxo. C'est à la hauteur du numéro 83 de cette rue que se trouve la cité de Vincennes. Pour y pénétrer, il faut traverser d'abord un petit jardin potager, au fond duquel se trouve une grande cour, précédant un corps de logis qui servait de quartier général aux insurgés. Au delà de ce bâtiment, et un peu à gauche, se trouve un second enclos que l'on aménageait, au moment où la guerre éclata, pour recevoir une salle de bal. A quelques mètres en avant d'un des murs de clôture règne, en effet, jusqu'à hauteur d'appui, un soubassement destiné à recevoir les treillis qui devaient former la salle de bal. L'espace compris entre ce soubassement et le mur de clôture forme comme une large tranchée de dix à quinze mètres de longueur. Un soupirail carré, donnant sur une cave, s'ouvre au milieu.

C'est le local que ces misérables avaient choisi pour l'assassinat.

La rue Haxo, et surtout les terrains vagues aux alentours de la cité de Vincennes étaient, à ce moment, remplis d'une foule soulevée, agitée comme les vagues de la mer au moment d'une tempête. C'était, en effet, une tempête de passions haineuses déchaînées contre ceux qui allaient mourir par ceux qui ne savent pas même respecter la mort.

Ceux-là pourtant la traversèrent avec calme. Parmi les prêtres, quelques-uns montraient un visage meurtri et ensanglanté, mais qu'embellissait une expression de résignation, de paix et de sérénité.

Victimes et assassins pénétrèrent ensemble dans l'enclos.

Un cavalier qui suivait fit caracoler son cheval au milieu de la foule. C'était sans doute un des héros du faubourg, car la foule applaudit.

Au moment d'entrer à son tour dans la cité, le cavalier s'écria :

« Voilà une bonne capture, mes amis; fusillez-moi tout cela! »

Un homme jeune encore, pâle, blond, mais élégamment vêtu celui-là, serra la main du cavalier et entra avec lui. Lui aussi excitait la foule, et montrant les otages, disait :

» Fusillez-les! fusillez-les! »

On reconnaissait en lui les façons d'un homme élevé dans une condition supérieure à celle des misérables qui l'entouraient : il paraissait avoir sur eux une véritable influence. On voit comment il en usait.

Les états-majors de diverses légions occupaient déjà l'enclos. Les cinquante otages et les bourreaux qui les accompagnaient achevèrent de le remplir, et l'on ne put y admettre que très-peu de personnes parmi celles qui se pressaient à l'entour.

. . . .

Pendant sept ou huit minutes, il y eut une scène de tumulte : on entendait des détonations sourdes, mêlées d'imprécations et de cris tumultueux. Les victimes avaient été poussées dans la tranchée et tuées à coups de revolver, chacun tirant sur eux comme sur des fauves dans une battue.

On entendit encore quelques détonations isolées, de plus en plus rares, puis ce fut un grand silence.

Bientôt un homme sortit de l'enclos funèbre, vêtu d'une blouse, coiffé d'un chapeau gris, portant un fusil en bandoulière. La foule l'applaudit avec transport. Des jeunes femmes s'avancèrent à sa rencontre, lui prirent les mains, et lui donnèrent de petits coups sur l'épaule en lui disant :

« Bravo! mon ami, bien travaillé! »

Elles étaient jeunes et belles, et trouvaient le moyen d'être horribles!

Les corps des cinquante victimes furent jetés dans la cave, d'abord les prêtres, puis les gardes de Paris.

Parmi les prêtres, il y avait trois Jésuites de la rue de Sèvres, le Père Olivain, le Père de Benjy et le Père Caubert ; puis le directeur d'une maison d'orphelins à Charonne, M. Planchat, que le peuple récompensait ainsi du bien qu'il a fait aux enfants du peuple.... O Charité! duperie sublime, si tu n'avais pas pour objet définitif et pour vrai mobile celui-là seul qui ne trompe jamais! Parmi ces prêtres il y avait aussi un séminariste, M. Seigneuray, élève de Saint-Sulpice, bien jeune encore pour mourir, et dont le père a raconté les derniers moments dans une lettre singulièrement poignante en sa simplicité éloquente.

*
* *

Je ne veux pas oublier non plus l'abbé Sabatier. Celui-ci avait peut-être mérité son supplice, car c'était le plus doux et le meilleur des hommes. Sa vie s'écoulait dans la pratique du bien, et il a pu présenter à Dieu des mains pleines de bonnes œuvres. A Notre-Dame de Lorette, sa paroisse et la mienne, on l'adorait. Il était chargé de la direction des catéchismes et de la première communion. Les petits enfants l'aimaient tendrement : il était pour chacun d'eux comme un second père.

En apprenant son arrestation, nous nous sommes souvenu que nous avions un diplôme d'avocat au fond de notre secrétaire, et nous sollicitâmes l'honneur de le défendre devant le tribunal où siégeait Rigault..... Nous ne savions pas encore que la Commune exécutait,... mais qu'elle ne jugeait pas!

On transporta le corps dans les caveaux de la Trinité. L'église à laquelle il était depuis si longtemps attaché venait d'être souillée et profanée par les fédérés, et on ne l'avait pas encore rendue au culte. Huit balles avaient mutilé le pauvre prêtre. — Trois coups de feu avaient brisé la mâchoire inférieure. Un projectile avait pénétré par l'œil gauche et brisé le crâne en projetant la cervelle au dehors. Deux autres avaient traversé la poitrine, et les entrailles avaient été labourées atrocement.

LV.

Il restait encore à la Roquette un certain nombre d'otages, qui devaient être fusillés dans cette prison maudite, où la Commune avait élu son dernier domicile. Mais à l'instigation d'un de leurs gardiens, du nom de Pinet, appartenant à l'ancienne administration, ceux-là se sont révoltés, et préférant une mort héroïque à un égorgement subi sans défense, ils se sont retirés dans une partie de la prison, y ont élevé des barricades, et ont tenu jusqu'au jour où la Commune, prise définitivement de panique, s'est enfuie en emportant la caisse, — pour rester fidèle aux principes, — mais en laissant du moins la vie et la liberté à ceux qui se croyaient eux-mêmes destinés à une mort certaine.

A ce dernier moment les sombres murs de la Roquette virent se dérouler une scène vraiment dramatique.

Un sergent de ville, s'approchant des prêtres, leur dit :

« Messieurs, votre robe ne vous permet pas de combattre, laissez-nous le soin de vous défendre; tenez-vous à l'écart. — C'est vrai, lui répond le vicaire de Notre-Dame des Victoires; nous ne pouvons combattre, mais nous pouvons bénir les combattants. »

Puis, élevant la voix :

« Mes amis, mes enfants, nous allons mourir; vous êtes nés chrétiens, on vous a parlé de Dieu dans votre enfance; nous allons paraître devant lui. Faites un signe de croix pour que vos prêtres vous bénissent. »

A l'instant tous tombent à genoux, et les dix prêtres, au milieu d'un solennel silence, entonnent les prières de la bénédiction. Puis tous ces hommes, électrisés par ces paroles et par cet acte, se relèvent en faisant de nouveau le serment de mourir jusqu'au dernier.

Bientôt les sbires de la Commune reviennent en force. Ils crient, ils menacent; mais on leur fait savoir qu'on a des armes, et ils n'osent avancer. Cette espèce de siége se prolonge plusieurs heures. Les insurgés essayent de mettre le feu à la literie qui sert de barricade aux prisonniers, et ne pouvant y parvenir, ils se retirent une seconde fois.

Une heure après, ils se présentent de nouveau, mais avec des paroles de paix. Ils déclarent aux prisonniers qu'ils abandonnent la prison, qui va être incendiée, et les engagent à les suivre, en leur promettant qu'il ne leur sera fait aucun mal. Les prisonniers refusent naturellement de croire à cette générosité, et demandent comme garantie de sa sincérité qu'on leur passe des fusils. Mais les insurgés ne veulent pas leur donner ce gage, dont on pourrait faire contre eux un usage dangereux, et ils se retirent définitivement.

Enfin, le dimanche, vers quatre heures du matin, les prisonniers voient arriver des soldats de l'armée. Ils croient d'abord à une nouvelle ruse de leurs bourreaux; mais après une courte explication, ils tombent dans les bras de leurs libérateurs, et, quelques instants après, ils rentrent dans Paris avec une escorte de soldats de ligne.

C'est à cette énergique attitude que soixante-dix otages de la Commune ont dû leur salut.

LVI.

Ceux des otages que l'on avait gardés à Mazas y furent, pendant les derniers jours, l'objet des plus odieux traitements. On les laissait presque mourir de faim, et à chaque instant on les menaçait de les massacrer dans leurs cellules. Enfin, quand déjà l'on crut entendre les pas victorieux de l'armée libératrice, on leur ouvrit la porte de la prison et on leur dit de partir. Tous crurent recouvrer la liberté : pour beaucoup ce fut la mort, qu'ils rencontrèrent au seuil de la prison.

L'évacuation fut, en effet, un horrible sauve qui peut. Chacun pourvut à sa sûreté de son mieux ; on s'éparpilla dans toutes les directions... Mais les environs de la prison étaient hérissés de barricades que gardaient les insurgés. Ils firent feu sur les fugitifs, et il en fut des otages de Mazas comme des prisonniers de la Santé et de la Préfecture de police : — presque tous tombèrent sous les balles des assassins fédérés.

Du reste, ce n'est pas seulement aux prisonniers et aux otages que la Commune a fait sentir son joug cruel.

Ses adhérents et ses suppôts ont trouvé le moyen de les outrager, de les insulter, de les torturer dans ce qu'ils avaient de plus cher au monde, dans leurs femmes, dans leurs filles, dans leurs sœurs... Oui, ce qu'il y a de plus saint, de plus sacré dans la nature humaine, cette fleur de la vertu qui s'appelle la pudeur, ils l'ont souillée partout. Un des fonctionnaires de la Préfecture de police, et non-seulement lui, mais encore un prétendu magistrat qui déshonora pendant deux mois la robe de juge d'instruction, n'ont pas cessé de faire de la terreur l'instrument et l'auxiliaire de leur lubricité. On offrait la vie, on offrait la liberté d'un père, d'un frère, d'un mari, au seul prix dont une créature honnête ne pouvait les payer! Et Dieu, patient parce qu'il est éternel, voyait ces crimes et retenait ses foudres. Quant à celles qui n'avaient à donner ni jeunesse ni beauté, on les pressurait pour en extraire tout ce qu'elles pouvaient posséder d'argent. Une pauvre femme, à qui pour toute fortune il ne restait plus que trente francs, fut contrainte à les donner pour sauver son mari.... Une autre, qui n'était ni jeune ni belle, a payé cinq mille francs la rançon d'un captif qui lui était cher. Jamais concussion ne s'était affichée avec tant d'audace; jamais non plus elle n'avait paru plus odieuse, car c'était de la liberté et de la vie humaine que sa rapacité faisait ainsi trafic !

LVI.

Voilà leurs crimes !

On sait dans quel abîme de maux ils nous ont jetés. On voit maintenant si nous avions raison de dire, en commençant ce récit douloureux, que jamais peuple n'avait été condamné à subir une telle épreuve... Et cette épreuve nous a été imposée au lendemain d'une guerre qui n'a été elle-même qu'une longue suite de désastres sans exemple et sans nom. Sait-on beaucoup de peuples capables de porter un tel poids de calamités sans disparaître dans un effondrement total ?

Nous, cependant, nous vivons, nous sommes debout, et cette commotion horrible semble n'avoir eu d'autre résultat que d'attester au monde notre vitalité toute-puissante.

Donc, élevons nos cœurs! *Sursum corda!*

Ce n'est point le moment de nous abandonner à une stérile et amollissante douleur. Disons-nous plutôt que de telles crises doivent sauver la nation qu'elles n'ont pu anéantir. Mais que cette heure soit pour nous l'heure des résolutions fortes et viriles.

Nous avons derrière nous un trop long passé d'erreurs et de fautes; mais le sang, qui est la plus efficace et la plus complète des expiations, vient de couler à larges flots. Puisse-t-il, du moins, avoir coulé pour le rachat d'un peuple aussi malheureux aujourd'hui qu'il fut grand autrefois.

On dit que la flamme purifie. Ah! s'il en est ainsi, sur ce bûcher funèbre de Paris qui brûle encore, jetons tout ce qui nous a perdus, tout ce qui est misérable et mauvais en nous, tout ce qui a produit l'abaissement funeste du caractère national. Je veux dire notre égoïsme, nos légèretés, et cette frivolité française qui arme le monde contre nous, et qui nous désarme contre lui; ces convoitises téméraires et malsaines qui nous dépouillent des vrais biens, pour nous lancer à la poursuite éperdue d'un idéal menteur!

Oui! puisqu'il faut encore des aliments à l'incendie allumé par l'Internationale et la Commune, qu'il dévore ce qu'il y a de corrompu dans nos cœurs et de frivole dans nos esprits, et nous verrons bientôt la France, pareille au phénix de la fable antique, renaître de ses cendres encore chaudes. Fidèle à ses immortelles destinées, elle guidera encore le monde sur cette route du progrès où elle a si longtemps marché la première, et cette torche, allumée dans l'horrible nuit de la guerre civile, deviendra pour nous un flambeau qui ne s'éteindra plus.

PIÈCES JUSTIFICATIVES.

Considérant que la situation réclame des mesures rapides ;

Que de tous côtés des commandants supérieurs, continuant les errements du passé, ont, par leur inaction, amené l'état de choses actuel; que la réaction monarchique a empêché jusqu'ici, par l'émeute et le mensonge, les élections qui auraient constitué le seul pouvoir légal de Paris ;

En conséquence, le Comité arrête :

Les pouvoirs militaires de Paris sont remis aux délégués :

      Brunel,
      Eudes,
      Duval.

Ils ont le titre de généraux et agiront de concert, en attendant l'arrivée du général Garibaldi, acclamé comme général en chef.

Du courage encore et toujours! et les traîtres seront déjoués.

    Vive la République !

Paris, le 24 mars 1871.

    Le Comité central de la garde nationale.
        (Suivent les signatures.)

Citoyens,

Appelés par le Comité central au poste grand et périlleux de commander provisoirement la garde nationale républicaine, nous jurons de remplir énergiquement cette mission, afin d'assurer le rétablissement de l'entente sociale entre tous les citoyens.

Nous voulons l'ordre... mais non celui que patronent les régimes déchus, en assassinant les factionnaires paisibles et en autorisant tous les abus.

Ceux qui provoquent à l'émeute n'hésitent pas, pour arriver à leur but de restaurations monarchiques, à se servir de moyens infâmes; ils n'hésitent pas à affamer la garde nationale en séquestrant la Banque et la Manutention.

Le temps n'est plus au parlementarisme; il faut agir, et punir sévèrement les ennemis de la République.

Tout ce qui n'est pas avec nous est contre nous.

Paris veut être libre. La contre-révolution ne l'effraye pas; mais la grande cité ne permet pas qu'on trouble impunément l'ordre public.

Vive la République!

Les généraux commandants,

BRUNEL, E. DUVAL, E. EUDES.

La Commune a nommé des comités entre lesquels elle a réparti les divers services publics.

Voici la composition de ces comités :

Comité exécutif. — Les citoyens : Eudes, Tridon, Vaillant, Lefrançais, Duval, F. Pyat, Bergeret.

Commission des finances. — Les citoyens : Clément (Victor), Varlin, Jourde, Beslay, Régère.

Commission militaire. — Les citoyens : Pindy, Eudes, Bergeret, Duval, Chardon, Flourens, Ranvier.

Justice. — Les citoyens : Ranc, Protot, Léo Meillet, Vermorel, Ledroit, Babick.

Sûreté générale. — Les citoyens : Raoul Rigault, Ferré, Assi, Oudet, Chalain, Gérardin, Cournet.

Subsistances. — Les citoyens : Dereure, Champy, Ostyn, Jean-Baptiste Clément, Parisel, Émile Clément, H. Fortuné.

Travail et commerce. — Les citoyens : Malon, Franquel, Theisz, Dupont, Avrial, Loyseau-Pinson, Eugène Gérardin, Puget.

Relations extérieures. — Les citoyens : Paschal Grousset, Ch. Gérardin, Antoine Arnaud, Ranc, Arthur Arnould, Delescluze, Parent.

Enseignement. — Les citoyens : Goupil, Ernest Lefèvre, Jules Vallès, Demay, Miot, Blanchet, Robinet, Verdure, Albert Leroy.

Services publics. — Les citoyens : Ostyn, Billioray, J. B. Clément, Marteet, Mortier, Rastoul.

23 mai 1871.

La Commune de Paris décrète :

1° La conscription est abolie ;

2° Aucune force militaire autre que la garde nationale ne pourra être créée ou introduite dans Paris ;

3° Tous les citoyens valides font partie de la garde nationale.

Hôtel de Ville, 29 mars 1871.

La Commune de Paris.

Citoyens,

La Commune étant actuellement le seul pouvoir,

Décrète :

Art. 1ᵉʳ. Les employés des divers services publics tiendront désormais pour nuls et non avenus les ordres ou communications émanant du gouvernement de Versailles ou de ses adhérents.

Art. 2. Tout fonctionnaire ou employé qui ne se conformerait pas à ce décret sera immédiatement révoqué.

Hôtel de Ville, 29 mars 1871.

Pour la Commune, par délégation :

Le président, LEFRANÇAIS.

Assesseurs, RANC, ED. VAILLANT.

DÉCRET DE LA COMMUNE.

Art. 1ᵉʳ. Les membres de la Commune ont la direction administrative des affaires de leurs arrondissements.

Art. 2. Ils sont autorisés à s'adjoindre à leur choix une commission chargée, sous leur responsabilité, de l'expédition des affaires civiles.

Art. 3. Les membres de la Commune ont seuls autorité pour procéder aux actes de l'état civil.

La Commune de Paris.

31 mars 1871.

L'insigne communal sera l'écharpe rouge.

La Commune de Paris.

31 mars 1871.

La commission de justice arrête :

Le citoyen Protot est chargé d'expédier les affaires civiles et criminelles les plus urgentes, et de prendre les mesures nécessaires pour garantir la liberté individuelle de tous les citoyens.

Les membres de la Commune de Paris, membres de la commission de justice,
RANC, VERMOREL, LÉO MEILLET, BABICK, BILLIORAY.

31 mars 1871.

ORDRE.

Nous, délégué civil à l'ex-préfecture de police,

Attendu que la délivrance des laissez-passer exige une surveillance spéciale,

Décrétons :

Il ne sera délivré de laissez-passer qu'à la préfecture de police, bureau des passe-ports.

Paris, ce 31 mars 1871.

Le délégué civil, RAOUL RIGAULT.

Vu :
Le général délégué, E. DUVAL.

La Commune de Paris décrète :

1. Le titre et les fonctions de général en chef sont supprimés ;

2. Le citoyen Brunel est mis en disponibilité ;

3. Le citoyen Eudes est délégué à la guerre, Bergeret à l'état-major de la garde nationale, et Duval au commandement militaire de l'ex-préfecture de police.

Paris, le 1ᵉʳ avril 1871.

La commission exécutive :

Général EUDES, FÉLIX PYAT, G. TRIDON, général JULES BERGERET, LEFRANÇAIS, E. DUVAL, ED. VAILLANT.

COMMUNE DE PARIS.

A la garde nationale de Paris.

Les conspirateurs royalistes ont ATTAQUÉ.

Malgré la modération de notre attitude, ils ont ATTAQUÉ.

Ne pouvant plus compter sur l'armée française, ils ont ATTAQUÉ avec les zouaves pontificaux et la police impériale.

Non contents de couper les correspondances avec la province et de faire de vains efforts pour nous réduire par la famine, ces furieux ont voulu imiter jusqu'au bout les Prussiens et bombarder la capitale.

Ce matin, les chouans de Charrette, les Vendéens de Cathelineau, les Bretons de Trochu, flanqués des gendarmes de Valentin, ont couvert de mitraille et d'obus le village inoffensif de Neuilly et engagé la guerre civile avec nos gardes nationaux.

Il y a eu des morts et des blessés.

Élus par la population de Paris, notre devoir est de défendre la grande cité contre ces coupables agresseurs. Avec votre aide, nous la défendrons.

Paris, 2 avril 1871.

La commission exécutive :
BERGERET, EUDES, DUVAL, LEFRANÇAIS, FÉLIX PYAT, TRIDON, VAILLANT.

La Commune de Paris,

Considérant que le premier des principes de la République française est la liberté ;

Considérant que la liberté de conscience est la première des libertés ;

Considérant que le budget des cultes est contraire aux principes, puisqu'il impose les citoyens contre leur propre foi ;

Considérant, en fait, que le clergé a été le complice des crimes de la monarchie contre la liberté ;

Décrète :

Art. 1er. L'Église est séparée de l'État ;

Art. 2. Le budget des cultes est supprimé ;

Art. 3. Les biens dits de mainmorte appartenant aux congrégations religieuses sont déclarés propriétés nationales ;

Art. 4. Une enquête sera faite immédiatement sur ces biens, pour en constater la nature et les mettre à la disposition de la nation.

3 avril 1871.

La Commune de Paris.

La Commune,

Considérant que les hommes du gouvernement de Versailles ont ordonné et commencé la guerre civile, attaqué Paris, tué et blessé des gardes nationaux, des soldats de la ligne, des femmes et des enfants;

Considérant que ce crime a été commis avec préméditation et guet-apens, contre tout droit et sans provocation,

Décrète :

Art. 1er. MM. Thiers, Favre, Picard, Dufaure, Simon et Pothuau sont mis en accusation.

Art. 2. Leurs biens seront saisis et mis sous séquestre jusqu'à ce qu'ils aient comparu devant la justice du peuple.

Les délégués de la justice et de la sûreté générale sont chargés du présent décret.

La Commune de Paris.

3 avril 1871.

PROCLAMATION AU PEUPLE DE PARIS.

Citoyens,

Les monarchistes qui siègent à Versailles ne vous font pas une guerre d'hommes civilisés; ils vous font une guerre de sauvages.

Les Vendéens de Charette, les agents de Piétri *fusillent les prisonniers, égorgent les blessés, tirent sur les ambulances!*

Vingt fois les misérables qui déshonorent l'uniforme de la ligne ont levé la crosse en l'air, puis, traîtreusement, ont fait feu sur nos braves et confiants concitoyens.

Ces trahisons et ces atrocités ne donneront pas la victoire aux éternels ennemis de nos droits.

Nous en avons pour garants l'énergie, le courage et le dévouement à la République de la garde nationale.

Son héroïsme et sa constance sont admirables.

Ses artilleurs ont pointé leurs pièces avec une justesse et une précision merveilleuses.

Leur tir a plusieurs fois éteint le feu de l'ennemi, qui a dû laisser une mitrailleuse entre nos mains.

Citoyens,

La Commune de Paris ne doute pas de la victoire.

Des résolutions énergiques sont prises.

Les services, momentanément désorganisés par la défection et la trahison, sont, dès maintenant, réorganisés.

Les heures sont utilement employées pour votre triomphe prochain.

La Commune compte sur vous, comme vous pouvez compter sur elle.

Bientôt il ne restera plus aux royalistes de Versailles que la honte de leurs crimes.

A vous, citoyens, il restera toujours l'éternel honneur d'avoir sauvé la France et la République.

Gardes nationaux,

La Commune de Paris vous félicite, et déclare que vous avez bien mérité de la République.

Paris, 4 avril 1871.

La commission exécutive :
BERGERET, DELESCLUZE, DUVAL, EUDES,
FÉLIX PYAT, G. TRIDON, E. VAILLANT.

Citoyens,

Chaque jour les bandits de Versailles égorgent ou fusillent nos prisonniers, et pas d'heure ne s'écoule sans nous apporter la nouvelle d'un de ces assassinats.

Les coupables, vous les connaissez : ce sont les gendarmes et les sergents de ville de l'empire, ce sont les royalistes de Charette et de Cathelineau qui marchent contre Paris au cri de *Vive le Roi*, et le drapeau blanc en tête.

Le gouvernement de Versailles se met en dehors des lois de la guerre et de l'humanité ; force nous sera d'user de représailles.

Si, continuant à méconnaître les conditions habituelles entre peuples civilisés, nos ennemis massacrent encore un seul de nos soldats, nous répondrons par l'exécution d'un nombre égal ou double de prisonniers.

Toujours généreux et juste même dans sa colère, le peuple abhorre le sang comme il abhorre la guerre civile ; mais il a le devoir de se protéger contre les attentats sauvages de ses ennemis, et, quoi qu'il lui en coûte, il rendra œil pour œil et dent pour dent.

Paris, le 5 avril 1871.

La Commune de Paris.

PROCLAMATION AUX DÉPARTEMENTS.

Aux départements.

Vous avez soif de vérité, et, jusqu'à présent, le gouvernement de Versailles ne vous a nourris que de mensonges et de calomnies. Nous allons donc vous faire connaître la situation dans toute son exactitude.

C'est le gouvernement de Versailles qui a commencé la guerre civile en égorgeant nos avant-postes trompés par l'apparence pacifique de ses sicaires; c'est aussi ce gouvernement de Versailles qui fait assassiner nos prisonniers et qui menace Paris des horreurs de la famine et d'un siége, sans souci des intérêts et des souffrances d'une population déjà éprouvée par cinq mois d'investissement. Nous ne parlerons pas de l'interruption du service des postes, si préjudiciable au commerce, de l'accaparement des produits de l'octroi, etc., etc.

Ce qui nous préoccupe avant tout, c'est la propagande infâme organisée dans les départements par le gouvernement de Versailles pour noircir le mouvement sublime de la population parisienne. On vous trompe, frères, en vous disant que Paris veut gouverner la France et exercer une dictature qui serait la négation de la souveraineté nationale. On vous trompe, lorsqu'on vous dit que le vol et l'assassinat s'étalent publiquement dans Paris. Jamais nos rues n'ont été plus tranquilles. Depuis trois semaines, pas un vol n'a été commis, pas une tentative d'assassinat ne s'est produite.

Paris n'aspire qu'à fonder la République et à conquérir ses franchises communales, heureux de fournir un exemple aux autres communes de France.

Si la Commune de Paris est sortie du cercle de ses attributions normales, c'est à son grand regret, c'est pour répondre à l'état de guerre provoqué par le gouvernement de Versailles. Paris n'aspire qu'à se renfermer dans son autonomie, plein de respect pour les droits égaux des autres communes de France.

Quant aux membres de la Commune, ils n'ont d'autre ambition que de voir arriver le jour où Paris, délivré des royalistes qui le menacent, pourra procéder à de nouvelles élections.

Encore une fois, frères, ne vous laissez pas prendre aux monstrueuses inventions des royalistes de Versailles.

Songez que c'est pour vous autant que pour lui que Paris lutte et combat en ce moment. Que vos efforts se joignent aux nôtres et nous vaincrons, car nous représentons le droit et la justice, c'est-à-dire le bonheur de tous par tous, la liberté pour tous et pour chacun sous les auspices d'une solidarité volontaire et féconde.

La commission exécutive :
COURNET, DELESCLUZE, FÉLIX PYAT,
TRIDON, VAILLANT, VERMOREL.

7 avril 1871.

LOI SUR LES OTAGES.

La Commune de Paris,

Considérant que le gouvernement de Versailles foule ouvertement aux pieds les droits de l'humanité comme ceux de la guerre; qu'il s'est rendu coupable d'horreurs dont ne se sont pas souillés les envahisseurs du sol français;

Considérant que les représentants de la Commune de Paris ont le devoir impérieux de défendre l'honneur et la vie de deux millions d'habitants qui ont remis entre leurs mains le soin de leurs destinées; qu'il importe de prendre sur l'heure toutes les mesures nécessitées par la situation;

Considérant que des hommes politiques et des magistrats de la cité doivent concilier le salut commun avec le respect des libertés publiques,

Décrète :

Art. 1er. Toute personne prévenue de complicité avec le gouvernement de Versailles sera immédiatement décrétée d'accusation et incarcérée.

Art. 2. Un jury d'accusation sera institué dans les vingt-quatre heures pour connaître des crimes qui lui seront déférés.

Art. 3. Le jury statuera dans les quarante-huit heures.

Art. 4. Tous accusés retenus par le verdict du jury d'accusation seront les otages du peuple de Paris.

Art. 5. Toute exécution d'un prisonnier de guerre ou d'un partisan du gouvernement régulier de la Commune de Paris sera, sur-le-champ, suivie de l'exécution d'un nombre triple des otages retenus en vertu de l'article 4, et qui seront désignés par le sort.

Art. 6. Tout prisonnier de guerre sera traduit devant le jury d'accusation, qui décidera s'il sera immédiatement remis en liberté ou retenu comme otage.

La Commune de Paris.

7 avril 1871.

MINISTÈRE DE LA GUERRE.

A la garde nationale.

Citoyens,

Je remarque avec peine qu'oubliant notre origine

modeste, la manie ridicule du galon, des broderies, des aiguillettes, commence à se faire jour parmi nous.

Travailleurs, vous avez pour la première fois accompli la révolution du travail par et pour le travail.

Ne renions pas notre origine, et surtout n'en rougissons pas. Travailleurs nous étions, travailleurs nous resterons.

C'est au nom de la vertu contre le vice, du devoir contre l'abus, de l'austérité contre la corruption, que nous avons triomphé, ne l'oublions pas.

Restons vertueux et hommes du devoir avant tout, nous fonderons alors la République austère, la seule qui puisse et ait le droit d'exister.

Avant de sévir, je rappelle mes concitoyens à eux-mêmes : plus d'aiguillettes, plus de clinquant, plus de ces galons qui coûtent si peu à étager et si cher à notre responsabilité.

A l'avenir, tout officier qui ne justifiera pas du droit de porter les insignes de son grade, ou qui ajoutera à l'uniforme réglementaire de la garde nationale aiguillettes ou autres distinctions vaniteuses, sera passible de peines disciplinaires.

Je profite de cette circonstance pour rappeler chacun au sentiment de l'obéissance hiérarchique dans le service : en obéissant à vos élus, vous obéissez à vous-mêmes.

Paris, le 7 avril 1871.

Le délégué au ministère de la guerre,

CLUSERET.

Considérant les patriotiques réclamations d'un grand nombre de gardes nationaux, qui tiennent, quoique mariés, à défendre l'honneur de leur indépendance municipale, même au prix de leur vie, le décret du 5 avril est ainsi modifié :

De dix-sept à dix-neuf ans, le service dans les compagnies de guerre sera volontaire, et de dix-neuf à quarante obligatoire pour les gardes nationaux, mariés ou non.

J'engage les bons patriotes à faire eux-mêmes la police de leur arrondissement et à forcer les réfractaires à servir.

Le délégué à la guerre,
CLUSERET.

7 avril 1871.

ORDRE.

Depuis quelques jours il règne une grande confusion dans certains arrondissements ; on dirait que des gens payés par Versailles prennent à tâche : 1° de fatiguer la garde nationale ; 2° de la désorganiser.

On fait battre la générale pendant la nuit.

On bat le rappel à tort et à travers. En sorte que personne ne sachant plus auquel entendre, on ne se dérange même plus, et cette puissante institution, cette armée, espoir et salut du peuple, est à la veille de sombrer sous son triomphe.

Un tel état de choses ne saurait subsister plus longtemps. En conséquence, j'invite tous les bons citoyens à se pénétrer des instructions suivantes :

La générale ne sera battue que par mon ordre ou celui de la commission exécutive, et dans le seul cas de prise d'armes générale.

Le rappel ne sera battu dans les arrondissements que par ordre de la place, signé du commandant de la place, et pour la réunion d'un certain nombre de bataillons commandés pour un service spécial.

Ce n'est pas tout : malgré mes ordres formels, une canonnade incessante diminue nos provisions, fatigue la population, irrite les esprits, et amène d'un côté la fatigue, de l'autre, la colère et la passion.

En sorte que cette Révolution si grande, si belle et si pacifique, pourrait devenir violente, c'est-à-dire faible.

Nous sommes forts; restons calmes!

Cet état de choses est dû en partie à des chefs militaires trop jeunes et surtout trop faibles pour résister à la pression populaire. L'homme du devoir ne connaît que sa conscience et méprise la popularité. Je réitère l'ordre d'avoir à se tenir sur la plus stricte défensive, et à ne pas jouer le jeu de nos adversaires, en gaspillant et nos munitions, et nos forces, et surtout la vie de ces grands citoyens, enfants du peuple, qui ont fait la Révolution actuelle.

Quand le bruit aura cessé, que le calme de la rue aura passé dans les esprits, nous serons beaucoup plus aptes à perfectionner notre organisation, d'où dépend notre avenir.

En attendant, citoyens, laissons de côté toutes ces petites rivalités, toutes ces personnalités mesquines, qui tendent à désunir ce magnifique faisceau populaire formé par la communauté de la souffrance. Si nous voulons vaincre, il faut être unis. Et quel plus beau, plus simple et plus noble lien que celui de la fraternité des armes au service de la justice !

Formez vite vos compagnies de guerre, ou plutôt complétez-les, car elles existent déjà.

De dix-sept à dix-neuf ans, le service est facultatif ; de dix-neuf à quarante ans, il est obligatoire, marié ou non.

Faites entre vous la police patriotique, forcez les lâches à marcher sous votre œil vigilant.

Aussitôt que quatre compagnies, formant au minimum un effectif de 500 hommes, seront constituées, que son chef de bataillon demande à la place un casernement. En caserne ou au camp, son organisation s'achèvera rapidement, et alors tout ce trouble, toute cette confusion s'évanouiront au souffle puissant de la victoire.

Danton demandait à nos pères de l'audace, encore de l'audace, toujours de l'audace ; je vous demande de l'ordre, de la discipline, du calme et de la patience : l'audace alors sera facile. En ce moment, elle est coupable et ridicule.

Paris, 8 avril 1871.

Le délégué à la guerre,
CLUSERET.

Une commission des barricades, présidée par le commandant de place, et composée des capitaines du génie, de deux membres de la Commune et d'un membre élu par chaque arrondissement, est instituée à partir du 9 avril.

Elle se réunira à l'état-major de la place le 9 avril, à une heure.

Paris, le 8 avril 1871.

Le délégué au ministère de la guerre,
CLUSERET.

Ex-Préfecture de Police.

DÉLIVRANCE DES PASSE-PORTS.

Considérant que l'autorité civile ne saurait, sans manquer à ses devoirs, favoriser l'inexécution des décrets de la Commune,

Qu'il est aussi nécessaire qu'elle empêche les communications avec des êtres qui nous font une guerre de sauvages,

Le membre du Comité de sûreté délégué près l'ex-Préfecture de police,

Arrête :

Art. 1er. Les passe-ports ne seront délivrés que sur pièces justificatives sérieuses.

Art. 2. Aucun passe-port ne sera délivré aux individus âgés de dix-sept à trente-cinq ans, tombant sous le coup de la loi militaire.

Art. 3. Aucun passe-port ne sera délivré aux individus qui, soit agents de l'ancienne police, soit à elle étrangers, ont des relations avec Versailles.

Art. 4. Les individus qui, rentrant dans les cas prévus par les articles 2 et 3, se présenteraient pour obtenir des passe-ports, seront immédiatement envoyés au dépôt de l'ex-préfecture de police.

Le membre du Comité de sûreté générale,
RAOUL RIGAULT.

10 avril 1871.

La Commune de Paris,

Sur la proposition du Comité de sûreté générale;

Attendu que le prix des passe-ports, fixé jusqu'ici, d'après les anciens règlements, à 2 francs, est inabordable pour la plupart des citoyens;

Que journellement des passe-ports sont réclamés par des femmes et des enfants,

Arrête :

Art. 1er. Le prix des passe-ports est fixé à 50 centimes.

Art. 2. Les maires pourront délivrer des certificats sur la vue desquels le Comité de sûreté générale donnera des passe-ports gratuits.

Paris, le 10 avril 1871.

La Commune décrète :

Art. 1er. Le régiment des sapeurs-pompiers de Paris est licencié, comme corps militaire, à la date du 1er avril.

Art. 2. Le corps des sapeurs-pompiers, licencié, est reconstitué à la même date, sous le titre de : Corps civil des sapeurs-pompiers de la Commune de Paris.

Art. 3. Ce corps ne fait plus partie des attributions du ministre de la guerre; il est placé sous la direction et l'autorité de la Commune de Paris.

Art. 4. Un décret ultérieur statuera sur l'organisation définitive du corps des sapeurs-pompiers.

Paris, le 12 avril 1871.

La Commune de Paris,

Considérant que la colonne impériale est un monument barbare et païen, un symbole de force brute et de fausse gloire, une affirmation du militarisme, une négation du droit international; une insulte permanente des vainqueurs aux vaincus, un attentat perpétuel à l'un des trois grands principes de la République française : la Fraternité,

Décrète :

Article unique. La colonne de la place Vendôme sera démolie.

12 avril 1871.

La Commune de Paris,

Considérant que s'il importe pour le salut de la République que tous les conspirateurs et les traîtres soient mis dans l'impossibilité de nuire, il n'importe pas moins d'empêcher tout acte arbitraire ou attentatoire à la liberté individuelle,

Décrète :

Art. 1er. Toute arrestation devra être notifiée immédiatement au délégué de la Commune à la justice, qui interrogera ou fera interroger l'individu arrêté, et le fera écrouer dans les formes régulières, s'il juge que l'arrestation doive être maintenue.

Art. 2. Toute arrestation qui ne serait pas notifiée

dans les vingt-quatre heures au délégué de la justice sera considérée comme une arrestation arbitraire, et ceux qui l'auront opérée seront poursuivis.

Art. 3. Aucune perquisition ou réquisition ne pourra être faite qu'elle n'ait été ordonnée par l'autorité compétente ou ses organes immédiats, porteurs de mandats réguliers, délivrés au nom des pouvoirs constitués par la Commune.

Toute perquisition ou réquisition arbitraire entraînera la mise en arrestation de ses auteurs.

Paris, le 14 avril 1871.

En présence des nécessités de la guerre, et vu le besoin d'agir rapidement et vigoureusement;

En présence de l'impossibilité de traduire devant les conseils de guerre de légion, qui n'existent pas encore, les cas exceptionnels qui exigent une répression immédiate, le délégué à la guerre est autorisé à former provisoirement une cour martiale, composée des membres ci-après :

Le colonel Rossel, chef d'état-major de la guerre;

Le colonel Henry, chef d'état-major de la place;

Le colonel Razoua, commandant de l'École militaire,

Le lieutenant-colonel Collet, sous-chef d'état-major du commandant supérieur Eudes;

Le colonel Chardon, commandant militaire de la préfecture de police;

Le lieutenant Boursier, membre du Comité central.

Les peines capitales seront soumises à la sanction de la Commission exécutive.

La cour siégera tous les jours à l'hôtel des conseils de guerre, rue du Cherche-Midi.

Paris, le 16 avril 1871.

Le délégué à la guerre, Cluseret.

Approuvé :

Les membres de la Commission exécutive,
Avrial, F. Cournet, Ch. Delescluze, Félix Pyat, G. Tridon, A. Vermorel, E. Vaillant.

La Commune de Paris décrète :

Art. 1er. Le remboursement des dettes de toute nature souscrites jusqu'à ce jour et portant échéance, billets à ordre, mandats, lettres de change, factures réglées, dettes concordataires, etc., sera effectué dans un délai de trois années à partir du 15 janvier prochain, et sans que ces dettes portent intérêt.

Art. 2. Le total des sommes dues sera divisé en douze coupures égales, payables par trimestre, à partir de la même date.

Art. 3. Les porteurs des créances ci-dessus énoncées pourront, en conservant les titres primitifs, poursuivre le remboursement desdites créances par voie de mandats, traites ou lettres de change mentionnant la nature de la dette et de la garantie, conformément à l'article 2.

Art. 4. Les poursuites, en cas de non-acceptation ou de non-payement, s'exerceront seulement sur la coupure qui y donnera lieu.

Art. 5. Tout débiteur qui, profitant des délais accordés par le présent décret, aura pendant ces délais détourné, aliéné ou anéanti son actif en fraude des droits de son créancier, sera considéré, s'il est commerçant, comme coupable de banqueroute frauduleuse, et s'il n'est pas commerçant, comme coupable d'escroquerie. Il pourra être poursuivi comme tel, soit par son créancier, soit par le ministère public.

Paris, le 16 avril 1871.

ARRÊTÉS SUR LE TRAVAIL DE NUIT.

I.

Sur les justes demandes de toutes les corporations des ouvriers boulangers,

La Commission exécutive

Arrête :

Art. 1er. Le travail de nuit est supprimé.

Art. 2. Les placeurs institués par l'ex-police impériale sont supprimés. Cette fonction est remplacée par un registre placé dans chaque mairie pour l'inscription des ouvriers boulangers. Un registre central sera établi au ministère du commerce.

Paris, le 20 avril 1871.

La Commission exécutive,

COURNET, A. VERMOREL, G. TRIDON, DELESCLUZE, FÉLIX PYAT, AVRIAL, E. VAILLANT.

II.

La Commune de Paris,

Sur la proposition de la commission du travail et de l'échange,

Vu le décret de la Commission exécutive, du 20 avril, supprimant le travail de nuit chez les boulangers,

Arrête :

Art. 1er. Toute infraction à cette disposition comportera la saisie des pains fabriqués dans la nuit, qui seront mis à la disposition des municipalités au profit des nécessiteux.

Art. 2. Le présent arrêté sera affiché dans un endroit apparent de chaque magasin de vente des boulangers.

Art. 3. Les municipalités seront chargées de l'exécution du présent arrêté.

La Commune de Paris.

3 mai 1871.

RÉORGANISATION DES COMMISSIONS.

Guerre. — Delescluze, Tridon, Avrial, Ranvier, Arnold.

Finances. — Beslay, Billioray, Victor Clément, Lefrançais, Félix Pyat.

Sûreté générale. — Cournet, Vermorel, Ferré, Trinquet, A. Dupont.

Enseignement. — Courbet, Verdure, Miot, Vallès, J. B. Clément.

Subsistances. — Varlin, Parizel, E. Clément, Arthur Arnould, Champy.

Justice. — Gambon, Dereure, Clémence, Langevin, Durand.

Travail et échange. — Theisz, Malon, Serailler, Longuet, Chalin.

Relations extérieures. — Melliet, Gérardin (Ch.), Amouroux, Johannard, Vallès.

Services publics. — Ostyn, Vésinier, Rastoul, Ant. Arnaud, Pothier.

20 avril 1871.

La Commune de Paris décrète :

Art. 1ᵉʳ. Les huissiers, notaires, commissaires-priseurs et greffiers de tribunaux quelconques qui seront nommés à Paris à partir de ce jour, recevront un traitement fixe. Ils pourront être dispensés de fournir un cautionnement.

Art. 2. Ils verseront tous les mois, entre les mains du délégué aux finances, les sommes par eux perçues pour les actes de leur compétence.

Art. 3. Le délégué à la justice est chargé de l'exécution du présent décret.

Paris, le 23 avril 1871.

La Commune de Paris.

Le membre de la Commune délégué à la guerre,
Vu le rapport de la commission de la guerre,
Arrête :

Art. 1ᵉʳ. Il est créé dans chaque municipalité un bureau militaire composé de sept citoyens; ils seront nommés par les membres de la Commune de chaque arrondissement.

Leurs attributions sont ainsi fixées :

Requérir les armes ;

Rechercher les réfractaires pour les incorporer immédiatement dans les bataillons de l'arrondissement;

Procéder en même temps au maintien sur le pied actif des compagnies sédentaires pour assurer le service intérieur des postes, bastions et poternes.

Art. 2. Les conseils de légion donneront aux bureaux militaires leur action pleine et entière pour l'exécution des mesures prises ou à prendre avec le concours du Comité central de la garde nationale.

Art. 3. Les chefs de légion seuls sont chargés de l'exécution des ordres militaires émanant de la place pour le service intérieur et le service extérieur.

Art. 4. Afin d'assurer l'exécution constante du présent décret, et pour éviter tout conflit capable de l'entraver, les bureaux militaires, les conseils de légion, les chefs de légion, adresseront chacun, et chaque jour, à la commission de la guerre, 90, rue Saint-Dominique-Saint-Germain, un rapport écrit et sommaire donnant le résumé de leurs opérations.

Art. 5. Afin de ménager les forces de la garde nationale, les municipalités, d'accord avec la légion, établiront un état du nombre et de l'importance des postes à desservir dans leur arrondissement.

Fait à Paris, le 26 avril 1871.

Le délégué à la guerre, CLUSERET.

La Commune décrète :

Art. 1er. Un comité de salut public sera immédiatement organisé.

Art. 2. Il sera composé de cinq membres, nommés par la Commune, au scrutin individuel.

Art. 3. Les pouvoirs les plus étendus sur toutes les

délégations et commissions sont donnés à ce comité, qui ne sera responsable qu'à la Commune.

Ont été nommés membres du comité de salut public, les citoyens : Antoine Arnaud, Léo Meillet, Ranvier, Félix Pyat et Charles Gérardin.

2 mai 1871.

La Commune décrète :

Les membres de la Commune ne pourront être traduits devant aucune autre juridiction que la sienne (celle de la Commune).

2 mai 1871.

MINISTÈRE DE LA GUERRE.

Un abus odieux, qui est un vol à la nation, a lieu trop souvent dans la cité.

Des hommes, indignes du nom de gardes nationaux, revendent à des complices, plus coupables encore, les équipements et les habits qui sont la propriété du peuple.

Nous avertissons ces trafiquants effrontés que leurs marchés sont nuls et non avenus, et que ceux qui s'y livrent s'exposent non-seulement à voir saisir les objets illégalement achetés, mais encore à être poursuivis selon toute la rigueur des lois.

Les municipalités, les chefs de légion et de bataillon sont chargés de l'exécution du présent arrêté.

La commission de la guerre.

3 mai 1871.

JOURNAL OFFICIEL DE PARIS.
(Numéro du 3 mai 1871).

Par décret de la Commune, le serment politique et le serment professionnel sont abolis.

Par décision en date du 1er mai, et sur la proposition du citoyen Raoul Rigault, procureur de la Commune, le Comité de salut public a nommé les citoyens :

Ferré (Théophile), Dacosta (Gaston), Martainville, Huguenot, substituts du procureur de la Commune.

A la Garde nationale.

Citoyens,

La Commune m'a délégué au ministère de la guerre ; elle a pensé que son représentant dans l'administration militaire devait appartenir à l'élément civil. Si je ne consultais que mes forces, j'aurais décliné cette fonction périlleuse ; mais j'ai compté sur votre patriotisme pour m'en rendre l'accomplissement plus facile.

La situation est grave, vous le savez ; l'horrible guerre que vous font les féodaux conjurés avec les débris des régimes monarchiques vous a déjà coûté bien du sang généreux, et cependant, tout en déplorant ces pertes douloureuses, quand j'envisage le sublime avenir qui s'ouvrira pour nos enfants, et lors même qu'il ne nous serait pas donné de récolter ce que nous avons semé, je saluerais encore avec enthousiasme la révolution du 18 mars, qui a ouvert à la France et à l'Europe des perspectives que nul de nous n'osait espérer il y a trois mois. Donc, à vos rangs, citoyens, et tenez ferme devant l'ennemi.

Nos remparts sont solides comme vos bras, comme vos cœurs; vous n'ignorez pas d'ailleurs que vous combattez pour votre liberté et pour l'égalité sociale, cette promesse qui vous a si longtemps échappé; que si vos poitrines sont exposées aux balles et aux obus des Versaillais, le prix qui vous est assuré, c'est l'affranchissement de la France et du monde, la sécurité de votre foyer et la vie de vos femmes et de vos enfants.

Vous vaincrez donc; le monde, qui vous contemple et applaudit à vos magnanimes efforts, s'apprête à célébrer votre triomphe, qui sera le salut pour tous les peuples.

Vive la République universelle!

Vive la Commune!

Paris, le 10 mai 1871.

Le délégué civil à la guerre,
DELESCLUZE.

Le Comité de salut public,

Vu l'affiche du sieur Thiers, se disant chef du pouvoir exécutif de la République française;

Considérant que cette affiche, imprimée à Versailles, a été apposée sur les murs de Paris par les ordres dudit sieur Thiers;

Que, dans ce document, il déclare que son armée ne bombarde pas Paris, tandis que chaque jour des femmes et des enfants sont victimes des projectiles fratricides de Versailles;

Qu'il fait un appel à la trahison pour pénétrer dans

la place, sentant l'impossibilité absolue de vaincre par les armes l'héroïque population de Paris;

Arrête :

Art. 1er. Les biens meubles des propriétés de Thiers seront saisis par les soins de l'administration des domaines.

Art. 2. La maison de Thiers, située place Georges, sera rasée;

Art. 3. Les citoyens Fontaine, délégué aux domaines, et J. Andrieu, délégué aux services publics, sont chargés, chacun en ce qui le concerne, de l'exécution IMMÉDIATE du présent arrêté.

Paris, 21 floréal an 78.

Lss membres du Comité de salut public :
Ant. Arnaud, Eudes, F. Gambon,
G. Ranvier.

AU PEUPLE DE PARIS.

Citoyens,

La Commune et la République viennent d'échapper à un péril mortel.

La trahison s'était glissée dans nos rangs. Désespérant de vaincre Paris par les armes, la réaction avait tenté de désorganiser ses forces par la corruption. Son or, jeté à pleines mains, avait trouvé jusque parmi nous des consciences à acheter.

L'abandon du fort d'Issy, annoncé dans une affiche impie par le misérable qui l'a livré, n'était que le premier acte du drame : une insurrection monarchique à l'intérieur, coïncidant avec la livraison d'une de nos portes, devait le suivre et nous plonger au fond de l'abîme.

Mais, cette fois encore, la victoire restera au droit.

Tous les fils de la trame ténébreuse dans laquelle la Révolution devait se trouver prise sont, à l'heure présente, entre nos mains.

La plupart des coupables sont arrêtés.

Si leur crime est effroyable, leur châtiment sera exemplaire. La cour martiale siége en permanence. Justice sera faite.

Citoyens,

La Révolution ne peut pas être vaincue; elle ne le sera pas.

Mais s'il faut montrer au monarchisme que la Commune est prête à tout plutôt que de voir le drapeau rouge brisé entre ses mains, il faut que le peuple sache bien aussi que de lui, de lui seul, de sa vigilance, de son énergie, de son union, dépend le succès définitif.

Ce que la réaction n'a pu faire, demain elle va le tenter encore.

Que tous les yeux soient ouverts sur leurs agissements.

Que tous les bras soient prêts à frapper impitoyablement les traîtres. Que toutes les forces vives de la Révolution se groupent pour l'effort suprême, et alors, alors seulement, le triomphe est assuré.

A l'Hôtel de Ville, le 12 mai 1871.

Le Comité de salut public,

ANT. ARNAUD, EUDES, F. GAMBON, G. RANVIER.

VILLE DE PARIS. Paris, le 18 mai 1871.

8ᵉ arrondissement.

COMMISSARIAT DE POLICE
du quartier
DES CHAMPS-ÉLYSÉES.

Rapport du citoyen Brideau, commissaire spécial à l'ex-préfecture de police.

Citoyen,

Je vous informe que le 13 mai vous nous avez transmis un ordre par l'intermédiaire du citoyen Mekarech nous prescrivant de faire une perquisition chez le duc de Rivoli (chambellan de l'Empire).

Avons visité tous les appartements ainsi que leur ameublements tout n'est que bronze dorés ainsi que pendules et candélabres qui sont montés sur marbre blanc.

Avons mis les scellés dans une chambre où nous avons trouvé plusieurs croix et crachats en or et argent, ainsi qu'une épingle en or garnie de pierre fine et une épée de député, plus deux chevaux dans l'écurie que soi-disant d'après l'homme qui les soignent appartiennent au sieur Léonard homme d'affaire rue Jean Marie 3 : comme cette allocution doit être fausse je vous les envoi, pour les employez à un service public attendu qu'ils sont à l'écurie et qui ne font rien.

Je vous transmets en même temps les croix et crachats à seule fin que vous les transmettiez ces objets à qui de droit.

Le commissaire de police,
CAUNY.

Paris, le 20 mai 1871.

Rapport.

J'informe le citoyen délégué central près l'ex-préfecture de police.

Ayant appris par l'intermédiaire de mes collègues de vous faire un rapport hebdomadaire du sentiment politique des habitants composant la circonscription de mon commissariat.

Il m'est impossible de faire un rapport sur mon quartier attendu qu'il est désert et complétement abandonné car dans les maisons comme locataires il ne reste plus que des concierges, seulement le peu qui reste est à veiller de près, car ces gens là n'attendent qu'une occasion pour se tourner contre nous..

RÉPUBLIQUE FRANÇAISE.

VILLE DE PARIS.

Mairie du 17ᵉ arrondissement.

2ᵉ Cⁱᵉ GÉNIE MILITAIRE.

26, avenue de Wagram.

Citoyen,

Veuillez bien me consigner pour 24 heures le citoyen Saint-Dizier qui est un petit goipeur et qui mais le désordre dans tout ma Cie.

Salut Fraternité.

Le capitaine, N. L. LELEUX.

MANUTENTION NATIONALE.

Ordre.

Le colonel commandant la manutention nationale,

demande au citoyen commissaire de police du quartier de l'avenue Montaigne le motif de la mise en liberté du citoyen Jules Lesin, demeurant rue de Lauzun, arrêtée pour délit d'un cheval commis hier, 11 mai 1871.

Le commandant de la manutention,
le chef de poste,   OUDINET.

CARTES CIVIQUES.

Le Comité de salut public,

Considérant que, ne pouvant vaincre par la force la population de Paris, assiégée depuis plus de quarante jours pour avoir revendiqué ses franchises communales, le gouvernement de Versailles cherche à introduire parmi elle des agents secrets dont la mission est de faire appel à la trahison, Arrête :

Art. 1er. Tout citoyen devra être muni d'une carte d'identité contenant ses nom, prénoms, profession, âge et domicile, ses numéros de légion, de bataillon et de compagnie, ainsi que son signalement.

Art. 2. Tout citoyen trouvé non porteur de sa carte sera arrêté, et son arrestation maintenue jusqu'à ce qu'il ait établi régulièrement son identité.

Art. 3. Cette carte sera délivrée par les soins des commissaires de police sur pièces justificatives, en présence de deux témoins qui attesteront par leur signature bien connaître le demandeur. Elle sera ensuite visée par la municipalité compétente.

Art. 4. Toute fraude reconnue sera rigoureusement réprimée.

Art. 5. L'exhibition de la carte d'identité pourra être requise par tout garde national.

Art. 6. Le délégué à la sûreté générale ainsi que les municipalités sont chargés de l'exécution du présent arrêté dans le plus bref délai.

Hôtel de Ville, 24 floréal an 79.

Le Comité de salut public.

Le Comité de salut public,

Considérant que, pour sauvegarder les intérêts de la Révolution, il est indispensable d'associer l'élément civil à l'élément militaire ;

Que nos pères avaient parfaitement compris que cette mesure pouvait seule préserver le pays de la dictature militaire, laquelle tôt ou tard aboutit invariablement à l'établissement d'une dynastie ;

Vu son arrêté instituant un délégué civil au département de la guerre, Arrête :

Art. 1er. Des commissaires civils, représentants de la Commune, sont délégués auprès des généraux des trois armées de la Commune.

Art. 2. Sont nommés commissaires civils :

1° Auprès du général Dombrowski, le citoyen Dereure ;
2° Auprès du général La Cecilia, le citoyen Johannard ;
3° Auprès du général Wrobleski, le citoyen Meillet.

Hôtel de Ville, le 26 floréal an 79.

AUX GARDES NATIONAUX DE PARIS.

Vos ennemis, ne pouvant vous vaincre, voudraient vous déshonorer. Ils vous jettent les épithètes de brigands et de pillards, en ajoutant ainsi la calomnie à la série de leurs crimes. Répondre par la force à leurs attentats contre la République, voilà le brigandage ;

lutter pour le triomphe des franchises communales, voilà le pillage.

Bonapartistes, orléanistes et chouans sont ligués contre vous et n'ont de lien commun que leur haine pour la Révolution. Ils rêvent de rétablir un trône qui servirait de rempart à leurs priviléges, et ils voudraient écraser la République, garantie de tous les progrès, sous l'ignorance des campagnes qu'ils égarent ou corrompent.

Vous déjouerez leurs projets liberticides par votre discipline et votre héroïsme. Leurs trahisons nous ont empêchés de sauver l'intégrité de notre patrie, mais elles n'auront pas la puissance de nous rejeter sous le joug, même passager, d'une restauration monarchique.

Il faut que ces insurgés contre les droits du peuple en prennent leur parti : nous réaliserons le sublime programme tracé par nos pères en 92. L'ordre dans la République, la liberté, l'égalité, la fraternité, ne demeureront pas lettre morte. La lutte soutenue en France depuis quatre-vingts ans contre le vieux monde va toucher à son dénoûment.

Si vous remplissez vos devoirs, il n'est pas douteux : c'est Paris triomphant, ce sont les villes qui brûlent de suivre votre exemple, ce sont les campagnes élevées à la notion de leurs droits, c'est la République devenue inébranlable et affranchissant le peuple de l'ignorance et de la misère, c'est une ère nouvelle ouverte à tous les progrès.

Si, au contraire, vous hésitiez ou vous reculiez, ce serait Paris livré aux vengeances féroces des sicaires de Versailles et noyé dans des flots de sang, ce seraient la dévastation et le carnage dans toutes les rues, l'égorgement et la déportation des républicains dans toute la France, le deuil de la République ajouté au deuil national, l'esclavage du citoyen greffé sur la patrie démembrée, une rétrogradation effroyable dans toutes les orgies du royalisme.

Gardes nationaux! votre choix est fait : vous combattez pour la République, pour votre salut, pour la plus noble des causes, et vous vaincrez!

Vive la République! Vive la Commune!

Paris, le 27 floréal an 79.
Le Comité de salut public.

Le gouvernement de Versailles vient de se souiller d'un nouveau crime, le plus épouvantable et le plus lâche de tous.

Ses agents ont mis le feu à la cartoucherie de l'avenue Rapp et provoqué une explosion effroyable.

On évalue à plus de cent le nombre des victimes. Des femmes, un enfant à la mamelle, ont été mis en lambeaux.

Quatre des coupables sont entre les mains de la sûreté générale.

Paris, le 27 floréal an 72.

Le Comité de salut public :
ANT. ARNAUD, BILLIORAY, EUDES, F. GAMBON, G. RANVIER.

Citoyens,

La porte de Saint-Cloud, assiégée de quatre côtés à la fois par les feux du Mont-Valérien, de la butte Mortemart, des Moulineaux et du fort d'Issy, que la trahison a livré, la porte de Saint-Cloud a été forcée par les Versaillais, qui se sont répandus sur une partie du territoire parisien.

Ce revers, loin de nous abattre, doit être un stimulant énergique. Le peuple qui détrône les rois, qui détruit les Bastilles; le peuple de 89 et de 93, le peuple de la Révolution ne peut perdre en un jour le fruit de l'émancipation du 18 mars.

Parisiens, la lutte engagée ne saurait être désertée par personne; car c'est la lutte de l'avenir contre le passé, de la liberté contre le despotisme, de l'égalité contre le monopole, de la fraternité contre la servitude, de la solidarité des peuples contre l'égoïsme des oppresseurs.

AUX ARMES!

Donc, AUX ARMES! Que Paris se hérisse de barricades, et que, derrière ces remparts improvisés, il jette encore à ses ennemis son cri de guerre, cri d'orgueil, cri de défi, mais aussi cri de victoire; car Paris, avec ses barricades, est inexpugnable.

Que les rues soient toutes dépavées : d'abord, parce que les projectiles ennemis, tombant sur la terre, sont moins dangereux; ensuite, parce que ces pavés, nouveaux moyens de défense, devront être accumulés, de distance en distance, sur les balcons des étages supérieurs des maisons.

Que le Paris révolutionnaire, le Paris des grands jours, fasse son devoir; la Commune et le Comité de salut public feront le leur.

Hôtel de Ville, le 2 prairial an 79.

Le Comité de salut public :
Ant. Arnaud, E. Eudes, F. Gambon, G. Ranvier.

Au citoyen général Dombrowski.

Citoyen, j'apprends que les ordres donnés pour la construction des barricades sont contradictoires.

Veillez à ce que ce fait ne se reproduise plus.

Faites sauter ou incendier les maisons qui gênent votre système de défense. Les barricades ne doivent pas être attaquables par les maisons.

Les défenseurs de la Commune ne doivent manquer de rien; donnez aux nécessiteux les effets que contiendront les maisons à démolir.

Faites d'ailleurs toutes les réquisitions nécessaires.

Paris, 2 prairial an 79.

DELESCLUZE, A. BILLIORAY.
P. O. le colonel d'état-major, LAMBRON.

Une autre pièce, trouvée chez Delescluze, donne l'ordre et la marche des exécutions qui étaient résolues.

Le citoyen Millière, à la tête de 150 fuséens, incendiera les maisons suspectes et les monuments publics de la rive gauche.

Le citoyen Dereure, avec 100 fuséens, est chargé du premier et du deuxième arrondissement.

Le citoyen Billioray, avec cent hommes, est chargé des neuvième, dixième et vingtième arrondissements.

Le citoyen Vésinier, avec 50 hommes, est chargé spécialement des boulevards, de la Madeleine à la Bastille.

Ces citoyens devront s'entendre avec les chefs de barricades pour assurer l'exécution de ces ordres.

Paris, 3 prairial an 79.

DELESCLUZE, RÉGÈRE, RANVIER, JOHANNARD,
VÉSINIER, BRUNEL, DOMBROWSKI.

Citons encore quelques lignes qui, sans justifier le moins du monde l'atroce Raoul Rigault, montrent sa férocité guidée par cet effroyable fanatique de Delescluze.

Direction de la sûreté générale.

Le citoyen Raoul Rigault est chargé, avec le citoyen Régère, de l'exécution du décret de la Commune de Paris relatif aux otages.

Paris, 2 prairial an 79.   DELESCLUZE, BILLIORAY.

Soldats de l'armée de Versailles,

Nous sommes des pères de famille,

Nous combattons pour empêcher nos enfants d'être, un jour, courbés comme vous sous le despotisme militaire.

Vous serez, un jour, pères de famille.

Si vous tirez sur le peuple aujourd'hui, vos fils vous maudiront, comme nous maudissons les soldats qui ont déchiré les entrailles du peuple en juin 1848 et en décembre 1851.

Il y a deux mois, au 18 mars, vos frères de l'armée de Paris, le cœur ulcéré contre les lâches qui ont vendu la France, ont fraternisé avec le peuple : imitez-les.

Soldats, nos enfants et nos frères, écoutez-bien ceci, et que votre conscience décide :

Lorsque la consigne est infâme, la désobéissance est un devoir.

3 prairial an 79.   *Le Comité central.*

Soldats de l'armée de Versailles,

Le peuple de Paris ne croira jamais que vous puissiez diriger contre lui vos armes, quand sa poitrine touchera les vôtres; vos mains reculeraient devant un acte qui serait un véritable fratricide.

Comme nous, vous êtes prolétaires; comme nous, vous avez intérêt à ne plus laisser aux monarchistes conjurés le droit de boire votre sang comme ils boivent vos sueurs.

Ce que vous avez fait au 18 mars, vous le ferez encore, et le peuple n'aura pas la douleur de combattre des hommes qu'il regarde comme des frères et qu'il voudrait voir s'asseoir avec lui au banquet civique de la liberté et de l'égalité.

Venez à nous, frères, venez à nous; nos bras vous sont ouverts !

3 prairial an 79.

Le Comité de salut public :
ANT. ARNAUD, BILLIORAY, E. EUDES,
F. GAMBON, G. RANVIER.

Paris, 3 prairial an 79.

L'ennemi s'est introduit dans nos murs plutôt par la trahison que par la force; le courage et l'énergie des Parisiens le repousseront.

A l'heure où toutes les grandes communes de la France entière se réveillent pour la revendication de leurs libertés, pour se fédérer entre elles et avec Paris, Paris la ville sainte, le foyer de la Révolution et de la civilisation, n'a rien à redouter.

La lutte est rude, soit; mais n'oublions pas que c'est la dernière, que c'est le suprême effort de nos ennemis.

A ces hommes que rien n'a pu instruire, à ces hommes qui ne tiennent compte ni de la grande Révolution, ni de 1830 ; — à ces hommes qui ont oublié les luttes de 1848, les hontes de décembre 1851 et de Sedan ; — qui ne savent pas même se souvenir du 4 septembre, des journées du siége et du 18 mars, nous allons donner la grande leçon de prairial de l'an 79 !

Ouvrons nos rangs à ceux que les Versaillais ont enrôlés de force et qui veulent s'unir à nous pour défendre la Commune, la République, la France.

Mais pas de pitié pour les traîtres, pour les complices de Bonaparte, de Favre et de Thiers.

Tout le monde aux barricades. Tous doivent travailler, de gré ou de force même, à les construire ; tous ceux qui peuvent manier un fusil, pointer un canon ou une mitrailleuse, doivent les défendre.

Que les femmes elles-mêmes s'unissent à leurs frères, à leurs pères et à leurs époux.

Celles qui n'auront pas d'armes soigneront les blessés et monteront des pavés dans leurs chambres pour écraser l'envahisseur.

Que le tocsin sonne; mettez en branle toutes les cloches et faites tonner tous les canons, tant qu'il restera un seul ennemi dans nos murs.

C'est la guerre terrible, car l'ennemi est sans pitié : Thiers veut écraser Paris, fusiller ou transporter tous nos gardes nationaux; aucun d'eux ne trouvera grâce devant ce proscripteur souillé par toute une vie de crimes et d'attentats à la souveraineté du peuple. Tous les moyens seront bons pour lui et ses complices.

La victoire complète est la seule chance de salut que nous laisse cet ennemi implacable. Par notre accord et notre dévouement, assurons la victoire.

Aujourd'hui, que Paris fasse son devoir, demain la France entière l'imitera.

Citoyens,

Les Versaillais doivent comprendre, à l'heure qu'il est, que Paris est aussi fort aujourd'hui qu'hier.

Malgré les obus qu'ils font pleuvoir jusqu'à la porte Saint-Denis sur une population inoffensive, Paris est debout, couvert de barricades et de combattants !

Loin de répandre la terreur, leurs obus ne font qu'exciter davantage la colère et le courage des Parisiens !

Paris se bat avec l'énergie des grands jours !

Malgré tous les efforts désespérés de l'ennemi, depuis hier il n'a pu gagner un pouce de terrain.

Partout il est tenu en échec ; partout où il ose se montrer, nos canons et nos mitrailleuses sèment la mort dans ses rangs.

Le Peuple, surpris un instant par la trahison, s'est retrouvé ; les défenseurs du droit se sont comptés, et c'est en jurant de vaincre ou de mourir pour la République qu'ils sont descendus en masse aux barricades !

Versailles a juré d'égorger la République : Paris a juré de la sauver !

Non ! un nouveau 2 Décembre n'est plus possible ; car, fort de l'expérience du passé, le peuple préfère la mort à la servitude.

Que les hommes de Septembre sachent bien ceci : le peuple se souvient. Il a assez des traîtres et des lâches qui, par leurs défections honteuses, ont livré la France à l'étranger.

Déjà les soldats, nos frères, reculent devant le crime qu'on veut leur faire commettre.

Un grand nombre d'entre eux sont passés dans nos rangs. Leurs camarades vont suivre en foule leur exemple.

L'armée de Thiers se trouvera réduite à ses gendarmes. — Nous savons ce que veulent ces hommes et pourquoi ils combattent.

Entre eux et nous, il y a un abîme !

AUX ARMES !

Du courage, citoyens, un suprême effort, et la victoire est à nous !

TOUT POUR LA RÉPUBLIQUE !

TOUT POUR LA COMMUNE !

(*La Rédaction de PARIS LIBRE.*)

Le Comité de salut public autorise les chefs de barricades à requérir les ouvertures des portes des maisons là où ils le jugeront nécessaire;

A réquisitionner pour leurs hommes tous les vivres et objets utiles à la défense, dont ils feront récépissé, et dont la Commune fera état à qui de droit.

Paris, le 3 prairial an 79.

Le membre du Comité de salut public,

G. RANVIER.

GARDE NATIONALE
de la Seine.

3ᵉ LÉGION.

CABINET
du Chef de Légion.

Paris, le 25 mai 1871.

Informez le Père-Lachaise que les

PIÈCES JUSTIFICATIVES.

N. B. (*A l'encre.*)	projectiles qu'ils reçoivent ne peuvent venir que de Montmartre. Tirez principalement sur les églises, excepté le XIe arrondissement et Belleville et le XIIe arrondissement.
N. B. (*Le cachet est à l'encre rouge.*)	*Le membre du Comité de salut public,* Gal EUDES.

COMITÉ DE SALUT PUBLIC.

COMMUNE DE PARIS.

N. B.
(*Au crayon, c'est sans doute la réponse.*)

N. B. (*Autre réponse au crayon, d'une autre main.*)	Mon tir est dirigé sur Saint-Eustache et sur la gare d'Orléans, boulevard Hôpital de façon à faire le plus de *dégas* à l'*interception* (sic) des boulevards Hôpital et Saint Marcel et Arago.
Père-Lachaise. 4e batterie tire à toute volée sur Panthéon. C^{ne} CUNET.	*Le chef commandant l'artillerie Ier du XIe arrondissement, au Père-Lachaise,* Le maréchal des logis, VIEULINA.

(*N. B. La signature ne peut être garantie, étant peu lisible.*)

Sur le dos de l'original, il y a :
Au citoyen commandant la batterie du Père-Lachaise.

Parmi les papiers laissés à la mairie de Belleville par les membres de la Commune, se trouve l'ordre suivant, dont on nous a communiqué le texte. Il était adressé par le général Eudes au commandant de la formidable batterie installée au Père-Lachaise. La date manque, mais c'est vraisemblablement celle du jour où cette batterie a ouvert le feu contre Paris.

RÉPUBLIQUE FRANÇAISE.

Commune de Paris. — *Comité de salut public.*

Paris, le ... 1871.

Tire sur la Bourse, la Banque, les Postes, la place des Victoires, la place Vendôme, le jardin des Tuileries, la caserne Babylone. Nous laissons l'Hôtel de Ville sous le commandement de Pindy, et la guerre et le Comité de salut public, ainsi que les membres de la Commune présents, se transportent à la mairie du onzième, où nous nous établissons. C'est là désormais que nous allons organiser la défense des quartiers populaires.

Nous t'enverrons de l'artillerie et des munitions du parc Basfroi.

Nous tiendrons jusqu'au bout et quand même.

E. EUDES.

Provenant des sources les plus diverses, des communistes, des socialistes, des transfuges de l'armée, des républicains rouges et imbéciles, des affiliés à l'Internationale, des repris de justice, des forçats libérés, en rupture de ban, des voleurs et des assassins auxquels la Commune avait ouvert les portes des prisons, les forces de l'insurrection comprenaient aussi un certain nombre d'étrangers, écume de l'Europe, ramassis de tous les scélérats du monde, — Américains, Anglais, Allemands, Italiens, Turcs, Grecs, Belges, Hongrois, Valaques, Portugais, — et surtout Polonais. — La Pologne, pour laquelle la France s'était montrée si amie, si fraternellement hospitalière, a pris une trop large part dans nos derniers malheurs.

Voici, du reste, une liste édifiante des principaux

étrangers au service de la Commune. On verra qu'ils étaient assez bien partagés.

Anys-el-Bittar, directeur des manuscrits à la Bibliothèque nationale (Égyptien).

Biondetti, chirurgien-major du 223e bataillon (Italien).

Babick, membre de la Commune (Polonais).

Becka, adjudant du 207e bataillon (Polonais).

Cluseret, général, délégué à la guerre (Américain).

Cernatesco, chirurgien-major des lascars (Polonais).

Capellaro, membre du bureau militaire (Italien).

Carneiro de Cunha, chir.-major du 33e bat. (Portugais).

Charalambo, chir.-maj. des éclaireurs fédérés (Polon.).

Dombrowski, général des forces de la Commune (Polonais).

Dombrowski (son frère), col. d'état-major (Polonais).

Durnoff, commandant de légion (Polonais).

Echenlaub, colonel du 88e bataillon (Allemand).

Ferrera Gola, directeur des ambulances (Portugais).

Frankel, membre de la Commune (Prussien).

Glorok, commandant du fort d'Issy (Valaque).

Grejorok, comm. de l'artill. de Montmartre (Valaque).

Hertzeld, chef des ambulances (Allemand).

Izquierdo, chirurgien-major (Polonais).

Jalowski, chirurgien-major des zouaves de la République (Polonais).

Kobosko, cavalier estafette, mis à l'ordre du jour de l'armée de la Commune (Polonais).

La Cecilia, général en chef (Italien).

Landowski, aide de camp de Dombrowski (Polonais).

Mizara, commandant du 104e bataillon (Italien).

Maratuch, aide-major du 72ᵉ bataillon (Hongrois).
Moro, commandant du 22ᵉ bataillon (Italien).
Okolowicz et ses frères, général et officiers d'état-major (Polonais).
Ostyn, membre de la Commune (Belge).
Olinski, chef de la 17ᵉ légion (Polonais).
Pizani, aide de camp du général Flourens (Italien).
Potampenki, aide de camp de Dombrowski (Polonais).
Ploubinski, officier d'état-major (Polonais).
Pazdzierski, command. du fort de Vanves (Polonais).
Piazza, chef de légion (Italien).
Pugno, directeur de la musique à l'Opéra (Italien).
Romanelli, direct. du personnel de la guerre (Italien).
Rozyski, chirurgien-major du 144ᵉ bat. (Polonais).
Rubinowicz, officier d'état-major (Polonais).
Rubinowicz (P.), chirurgien-major des fusiliers marins (Polonais).
Syneck, chirurgien-major du 151ᵉ bat (Allemand).
Skalski, chirurgien-major du 240ᵉ bat. (Polonais).
Soteriade, chirurgien-major (Espagnol).
Thaller, sous-gouv. du fort de Bicêtre (Allemand).
Van Ostal, commandant du 115ᵉ bat (Hollandais).
Vetzel, commandant des forts du sud (Allemand).
Wrobleski, général comm. l'armée du sud (Polonais).
Witton, chirurgien-major du 72ᵉ bat. (Américain).

FIN.

En vente à la même Librairie :

La Démagogie en 1793 à Paris, ou *Histoire jour par jour de l'année* 1793, accompagnée de documents contemporains rares ou inédits, recueillis, mis en ordre et commentés par C. A. DAUBAN. Ouvrage enrichi de seize gravures de Valton et autres artistes, d'après des dessins inédits et des gravures du temps. Un fort volume in-8° cavalier. Prix. . . . . 8 fr.

Paris en 1794 et en 1795. *Histoire de la rue, du club, de la famine*, composée d'après des documents inédits, particulièrement les rapports de police et les registres du Comité de salut public, avec une Introduction par C. A. DAUBAN. Ouvrage enrichi de neuf gravures du temps et d'un *fac-simile*. Un magnifique volume in-8° cavalier vélin glacé. Prix. . 7 fr.

Les Prisons de Paris *sous la Révolution*, d'après les relations des contemporains, avec des Notes et une Introduction par C. A. DAUBAN. Ouvrage enrichi de onze gravures, vues intérieures et extérieures des prisons du temps. Un beau volume in-8° cavalier. Prix. . . . . 8 fr.

Le Tribunal révolutionnaire de Paris, ouvrage composé d'après les documents originaux conservés aux Archives nationales, suivi de la liste complète des personnes qui ont comparu devant le tribunal, et enrichi d'une gravure et de *fac-simile*, par Émile CAMPARDON, archiviste aux Archives nationales. Deux forts volumes in-8° cavalier. Prix. . 16 fr.

Histoire de France, depuis les origines jusqu'à nos jours, par M. C. DARESTE, doyen de la Faculté des lettres de Lyon, correspondant de l'Institut. Six forts vol. in-8°. Prix. . 48 fr.
L'Académie française a décerné deux fois (1867 et 1868) le GRAND PRIX GOBERT à cet ouvrage.

Sous presse :

La deuxième armée de la Loire, par le général CHANZY. Un beau volume in-8°, avec quatre grandes cartes. Prix. . 8 fr.

Projet de réorganisation des forces militaires de la France, par le général CHARETON, député de la Drôme. Un vol. in-18 jésus. Prix. . . . . 4 fr.

PARIS. TYPOGRAPHIE HENRI PLON, RUE GARANCIÈRE, 8.

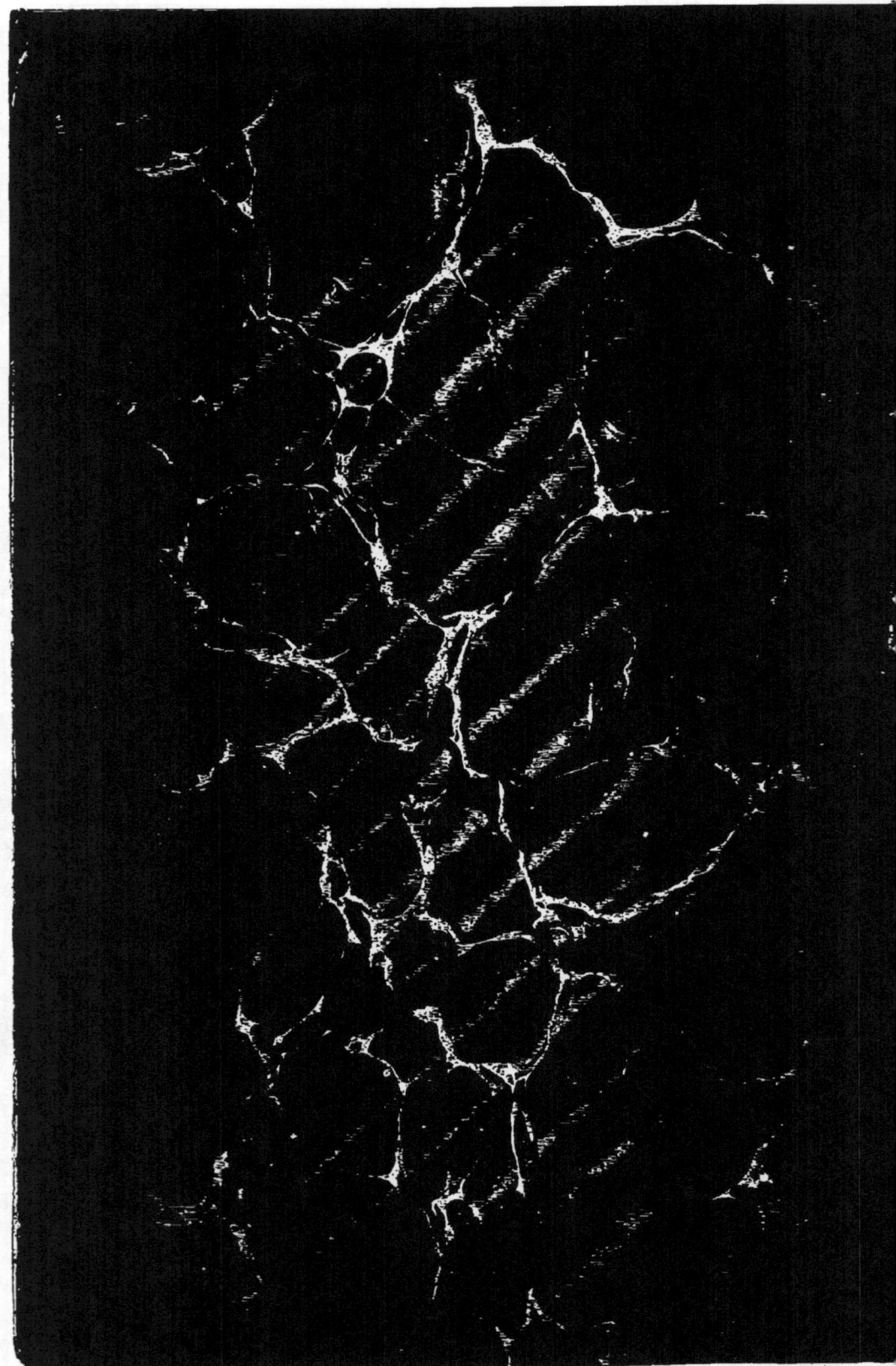

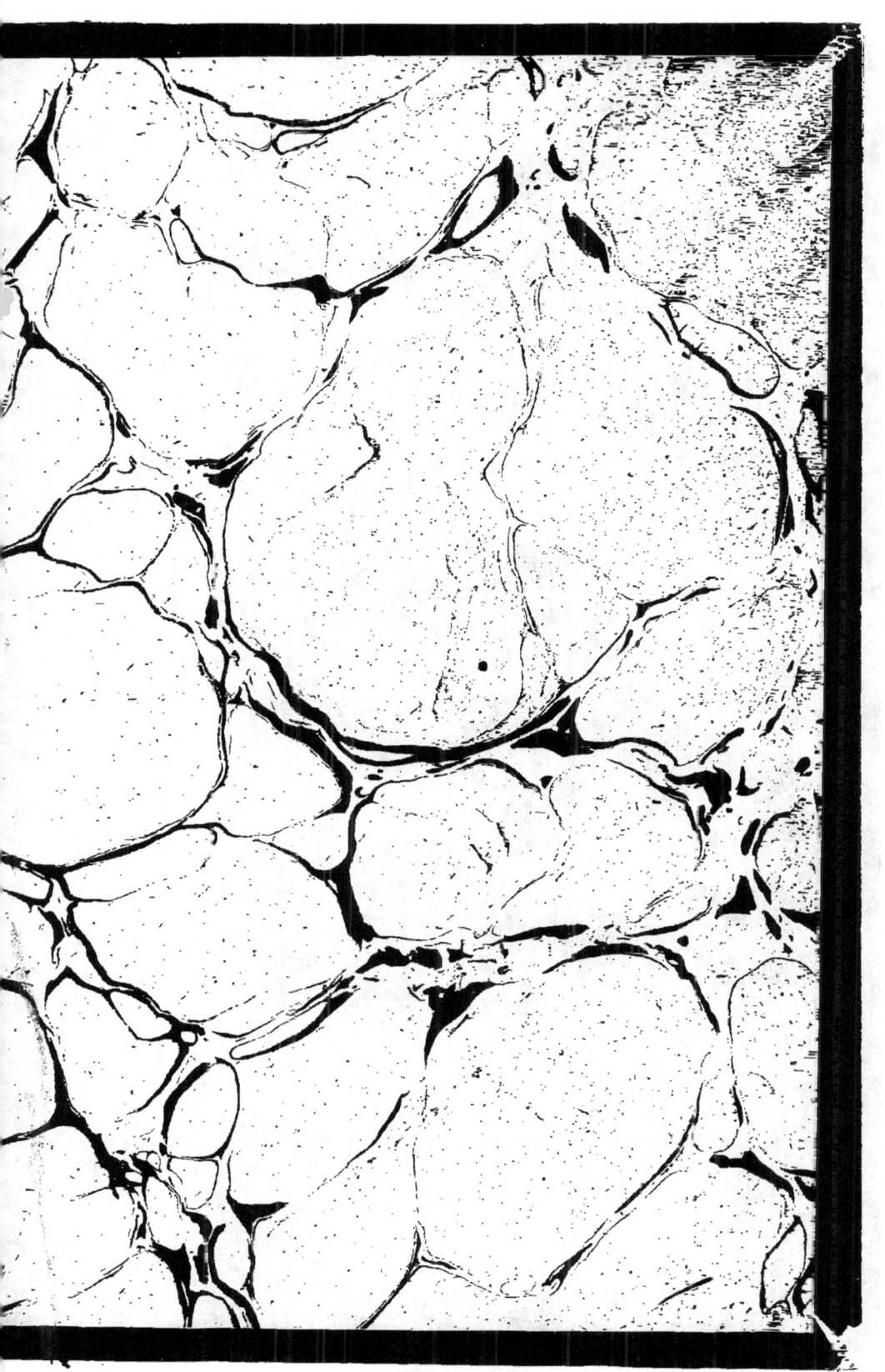

www.ingramcontent.com/pod-product-compliance
Lightning Source LLC
Chambersburg PA
CBHW060603190426
43202CB00031BA/2174